浙江省普通本科高校国际贸易新兴特色专业(国际化)教材
高等院校财经管理系列实用规划教材

全新修订

进出口实务模拟实验教程

魏兴民 王 瑾 编 著

北京大学出版社
PEKING UNIVERSITY PRESS

内 容 简 介

本书内容包括实验前的准备、交易磋商前的准备、交易磋商、订立进出口合同、订立内购合同及工厂履约、汇付结算方式下的合同履行（T/T + FOB）、托收结算方式下的合同履行、信用证结算方式下的合同履行，以及《2020年国际贸易术语解释通则》(《INCOTERMS2020》)。本书通过大量的操作过程截图和注释说明，指导学生更快更好地完成实习目标。

本书既可作为高等院校国际贸易、会计和金融及相关专业本科生的教材，也可作为从事国际贸易工作人员的知识培训教材及自学参考资料。

图书在版编目(CIP)数据

进出口实务模拟实验教程/魏兴民，王瑾编著. —北京：北京大学出版社，2015.8
（高等院校财经管理系列实用规划教材）
ISBN 978-7-301-26003-6

Ⅰ. ①进… Ⅱ. ①魏…②王… Ⅲ. ①进出口贸易—贸易实务—高等学校—教材 Ⅳ. ①F740.4

中国版本图书馆CIP数据核字（2015）第143164号

书　　名	进出口实务模拟实验教程
著作责任者	魏兴民　王　瑾　编著
责任编辑	王显超
标准书号	ISBN 978-7-301-26003-6
出版发行	北京大学出版社
地　　址	北京市海淀区成府路205号　100871
网　　址	http://www.pup.cn　新浪微博：@北京大学出版社
编辑部邮箱	pup6@pup.cn
总编室邮箱	zpup@pup.cn
电　　话	邮购部 010-62752015　发行部 010-62750672　编辑部 010-62750667
印刷者	北京虎彩文化传播有限公司
经销者	新华书店
	787毫米×1092毫米　16开本　12印张　297千字
	2015年8月第1版　2023年8月全新修订　2023年8月第5次印刷
定　　价	36.00元

未经许可，不得以任何方式复制或抄袭本书之部分或全部内容。
版权所有，侵权必究
举报电话：010-62752024　电子信箱：fd@pup.pku.edu.cn
图书如有印装质量问题，请与出版部联系，电话：010-62756370

前　言

"进出口贸易实务"是一门实践性非常强的国际贸易专业必修课，各个开设国际贸易专业的院系都强调对学生实际操作能力的培养。学生完成这门课的学习之后，需要实际操作中亲身体会进出口贸易的整个流程，深入了解各个环节操作的要点，从而真正融汇贯通本专业的全部专业知识。但是进出口业务实习一直以来都面临着各种各样的障碍：首先，并不是每个学生都能找到理想的进出口贸易公司进行实习；其次，即使进入贸易公司实习，也不可能接触到全程的业务操作，尤其是核心环节的操作；再次，整个进出口贸易的过程并不仅仅涉及贸易公司，还有银行、海关、外汇管理局、船公司、商检、保险等机构要参与其中，短时间内不可能对这些机构在国际贸易中的作用有一个全面直观的了解；最后，理论课学习结束之后，直接进入贸易公司实习也要有一个适应期，如果对业务操作没有初步直观的感觉，能真正操作时实习期可能已经过半了。针对以上困难，许多院校安排了校内模拟实习环节，但是由于技术的原因，大多停留在纸面操作，而且专注于单据方面的训练，不能让学生全面体会进出口贸易的全过程。值得庆幸的是，计算机技术的发展使我们有机会在软件构建的模拟环境中建立贸易公司，并进行大部分的进出口贸易操作。在这些进出口实务模拟操作软件中，Simtrade 是被广泛采用的系统，但是目前没有适合教学使用的教材。因此，在参考软件指导手册的基础上，针对多年来学生在模拟实验操作中所遇到的典型问题，我们编写了本书，其中通过大量的操作过程截图和注释说明，指导学生更快更好地完成实习目标。

学习本书时需要注意以下几点：

(1) 本书不求在模拟操作的基础上全面介绍进出口实务的详细过程，因为现有的进出口贸易实务教材已经非常完善了，本书只是补充而已，操作过程中如果有问题，可以参考已经学过的教材。

(2) 各个操作环节只是模拟，不能完全代替实际操作。

(3) 进出口贸易中国际结算、货物运输和货物报关操作更加复杂，专业性更强，本书中的软件对此只是简单操作，如果要深入了解，需要用其他软件模拟或者到相关机构进行实际操作。

本书每章后面都布置了作业，教师可以按照实习安排酌情使用。

本书由绍兴文理学院的魏兴民和王瑾编著。感谢南京世格软件公司对本书的支持，希望广大使用者在使用过程中对本书提出进一步的修改和完善建议，以使我国的国际贸易专业实践教学水平不断提高。

编写过程中的不足之处，希望各位师生在使用过程中批评指正。

编　者
2023 年 5 月

目　　录

第一篇　基础篇

第 1 章　实验前的准备 1

1.1　模拟实习所需的软硬件 2
  1.1.1　硬件条件 2
  1.1.2　软件条件 2
1.2　本书实验所使用的进出口贸易模拟
　　　实验软件 3
  1.2.1　Simtrade 外贸实习软件的
　　　　 优点 3
  1.2.2　Simtrade 外贸实习平台的
　　　　 实验内容 3
  1.2.3　Simtrade 外贸实习平台中
　　　　 学生角色的设定以及职责 4
  1.2.4　Simtrade 软件中的基本评分
　　　　 设定 4
  1.2.5　Simtrade 软件的局限性 5
  1.2.6　其他相似进出口贸易模拟
　　　　 软件 5
1.3　实验的组织与时间安排 6
  1.3.1　实验的组织 6
  1.3.2　时间安排 6
  1.3.3　角色分配 6
本章作业 6

第二篇　交易前的准备

第 2 章　交易磋商前的准备 7

2.1　注册虚拟公司 8
  2.1.1　出口商注册 8
  2.1.2　进口商、工厂和银行注册 10
  2.1.3　填写时注意事项 12
2.2　选择交易商品 12
  2.2.1　操作步骤 12
  2.2.2　注意事项 14
2.3　寻找交易对象(询盘) 15

  2.3.1　发布供求信息 15
  2.3.2　寻找交易对象 17
  2.3.3　邀请发盘 17
  2.3.4　注意事项 19
  2.3.5　参考询盘英文 19
本章作业 20

第三篇　交易磋商与订立合同

第 3 章　交易磋商 21

3.1　工厂的价格预算 22
3.2　出口商的价格预算 25
  3.2.1　出口商报价的构成 25
  3.2.2　出口商价格预算的操作
　　　　 步骤 26
  3.2.3　出口商价格预算时的注意
　　　　 事项 29
3.3　进口商的价格预算 29
  3.3.1　进口商价格预算的基本
　　　　 要求 29
  3.3.2　进口商价格预算的步骤 29
3.4　交易磋商(发盘/还盘/接受) 39
  3.4.1　发盘 39
  3.4.2　还盘 40
  3.4.3　接受 41
  3.4.4　发盘/还盘/接收英文要求与
　　　　 示例 41
本章作业 41

第 4 章　订立进出口合同 42

4.1　进出口合同的一般要求 43
  4.1.1　进出口合同的形式 43
  4.1.2　进出口合同的内容 43
4.2　进口商操作步骤 48
本章作业 51

第5章 订立内购合同及工厂履约 ... 52
5.1 工厂起草合同操作步骤 ... 53
5.1.1 操作步骤 ... 53
5.1.2 注意事项 ... 55
5.2 出口商修订合同的操作步骤 ... 55
5.3 工厂履约步骤 ... 57
5.3.1 操作步骤 ... 57
5.3.2 注意事项 ... 59
本章作业 ... 59

第四篇 进出口合同的履行

第6章 汇付结算方式下的合同履行(T/T＋FOB) ... 60
6.1 出口商(含工厂)履约步骤 ... 63
6.1.1 单据添加 ... 63
6.1.2 洽订舱位 ... 67
6.1.3 出口报检 ... 68
6.1.4 出口商申请产地证 ... 75
6.1.5 出口报关 ... 78
6.1.6 装船出运 ... 80
6.1.7 将相关单据送进口商 ... 83
6.1.8 出口商到银行办理结汇(进口商先付款) ... 83
6.1.9 出口商办理国际收支网上申报 ... 84
6.1.10 出口商到国税局办理出口退税 ... 84
6.2 进口商履约步骤 ... 85
6.2.1 指定船公司 ... 85
6.2.2 进口商查看装船通知 ... 86
6.2.3 办理保险 ... 86
6.2.3 付款 ... 89
6.2.4 到船公司提货 ... 90
6.2.5 进口报检 ... 91
6.2.6 进口报关、缴税与提货 ... 93
6.2.7 办理外汇监测系统网上申报 ... 97
6.2.8 到市场销货 ... 98
6.3 银行操作步骤 ... 100
6.3.1 进口地银行 ... 100
6.3.2 出口地银行 ... 101
本章作业 ... 102

第7章 托收结算方式下的合同履行 ... 103
7.1 履约前的准备 ... 106
7.1.1 工厂根据计算公式算出报价 ... 106
7.1.2 买卖合同 ... 107
7.1.3 添加出口预算表 ... 109
7.1.4 进口商添加进口预算表 ... 111
7.2 出口商履约步骤 ... 114
7.2.1 添加并填写"货物出运委托书" ... 114
7.2.2 指定船公司并洽订舱位 ... 114
7.2.3 出口报检 ... 115
7.2.4 添加并填写产地证 ... 118
7.2.5 出口报关 ... 119
7.2.6 取提单并发装船通 ... 121
7.2.7 添加并填写"汇票" ... 122
7.2.8 向出口地银行交单托收 ... 123
7.2.9 等待审单 ... 123
7.2.10 出口商到银行办理结汇 ... 123
7.2.11 到外管局办理国际收支网上申报 ... 124
7.2.12 到国税局办理出口退税 ... 125
7.3 进口商履约步骤 ... 125
7.3.1 查看装船通知 ... 125
7.3.2 投保 ... 125
7.3.3 付款赎单 ... 126
7.3.4 进口报检 ... 127
7.3.5 进口报关与提货 ... 129
7.3.6 办理外汇监测系统网上申报 ... 132
7.3.7 销货 ... 133
7.4 银行操作步骤 ... 134
7.4.1 出口地银行 ... 134
7.4.2 进口地银行 ... 135

本章作业 136

第8章　信用证结算方式下的合同履行 137

8.1　工厂与出口商操作步骤 140
　　8.1.1　工厂操作步骤 140
　　8.1.2　外销合同 143
　　8.1.3　出口预算表 144
　　8.1.4　来自出口地银行的邮件 147
　　8.1.5　货物出运委托书 148
　　8.1.6　洽订舱位 150
　　8.1.7　出口报检 150
　　8.1.8　添加并填写产地证 153
　　8.1.9　投保 155
　　8.1.10　出口报关 155
　　8.1.11　装船通知 157
　　8.1.12　汇票 158
　　8.1.13　向出口地银行交单押汇（议付） 158
　　8.1.14　结汇 158
　　8.1.15　到外管局办理国际收支网上申报 158
　　8.1.16　出口退税 159

8.2　进口商操作步骤 159
　　8.2.1　确认合同 159
　　8.2.2　进口预算表 159
　　8.2.3　添加并填写信用证申请书 161
　　8.2.5　确认信用证 163
　　8.2.6　付款取单 165
　　8.2.7　到船公司换提货单 166
　　8.2.8　进口报检 166
　　8.2.9　进口报关 167
　　8.2.10　到外管局办理外汇监测系统网上申报 170
　　8.2.11　销货 171
　　8.2.12　收支 172

8.3　银行操作步骤 173
　　8.3.1　出口地银行 173
　　8.3.2　进口地银行 177

　　本章作业 183

《2020年国际贸易术语解释通则》(INCOTERMS2020) 184

参考文献 186

第一篇 基 础 篇

第 1 章 实验前的准备

本章要点

本章介绍模拟实验所要具备的软硬件条件,并简要说明实验的组织与建议时间安排。

本章预备知识

复习之前所学的"国际贸易理论""国际贸易实务""国际金融""外贸函电"等课程;了解本实习在国际贸易专业课程体系中的重要性。

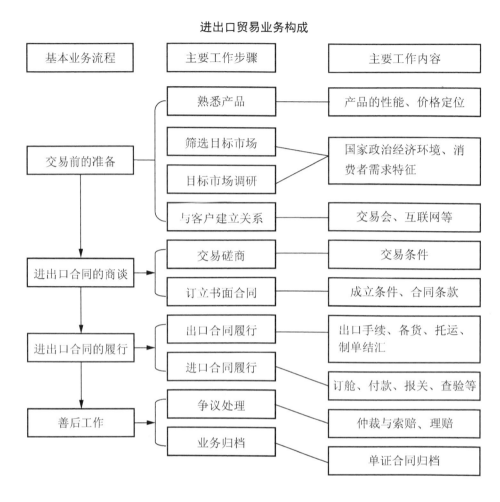

1.1 模拟实习所需的软硬件

1.1.1 硬件条件

能够容纳至少一个实习班级，配备至少每人一台计算机的实验室，实验室必须配备成熟适用的进出口贸易模拟实验硬件。

1.1.2 软件条件

(1) 相关专业学生已经完成相关课程的学习，尤其是要熟悉《进出口贸易实务》课程，否则会严重影响实验的进行。

要顺利地完成进出口贸易模拟实验，必须具备以下几个方面的国际贸易专业基础知识。

① 熟悉国际贸易专业英语。因为实验要求的函电、合同、信用证和单据等基本上要求用英语书写，所以要求学生在本学期同时学习《外贸函电》课程，从中了解和掌握国际贸易的专业英语词汇，能够熟练运用英语与交易对象进行书面交流，同时能够看懂英

文合同、信用证和单据。学习《进出口贸易实务》课程时也会遇到大量的专业英语，需要认真掌握。

② 掌握《国际贸易理论》课程中的海关与关税知识，因为实验中要涉及关税的计算；熟悉《国际贸易地理》课程中的航线与港口；掌握《国际金融》课程中的汇率知识。

③ 掌握《进出口贸易实务》课程的每一个章节：从交易磋商到签订合同，一直到履行合同。建议实验时将《进出口贸易实务》教材随身携带，随时查询。

④ 一定的计算机操作基础，熟悉 Windows 操作系统。

(2) 配备熟悉进出口贸易实务的教师，以便管理实验和解答专业知识问题。

(3) 适用的国际贸易实习模拟软件。本书本版适用于 Simtrade 外贸实习软件 v6.0，低于此版本的请升级到此版本。

1.2　本书实验所使用的进出口贸易模拟实验软件

南京世格软件公司与对外贸易大学联合推出的 Simtrade 外贸实习平台是国内国际贸易专业使用比较普遍的进出口模拟实验软件。此软件通过归纳总结进出口贸易实务的流程和惯例，在局域网内建立仿真的国际贸易环境，很好地模拟了当今国际商务的真实环境。软件运行中通过评分系统提高学生的学习热情，让学生在"做生意赚钱"的过程中亲身感受国际贸易的乐趣，同时在不知不觉中学习巩固《进出口贸易实务》课程中的理论知识。作为学生学习并完成《进出口贸易实务》课程的总结，以及进入贸易公司实习的必要过渡，此软件推出以来广受好评，全国数百家院校已经采用，因此本书实验以此软件为操作基础。

1.2.1　Simtrade 外贸实习软件的优点

以"角色扮演"为手段，使学生从基本国际贸易当事人的身份进入角色实际操作，并通过评分系统提高学生实习的积极性。每个参与实验的学生都将有机会扮演出口商、进口商、供应商(生产工厂)和进出口银行的角色，共同组成模拟进出口贸易环境，当事人按照进出口流程操作，从而体会各角色之间的互动关系，从一步一步的实际操作中掌握国际贸易的物流、资金流和业务流的运作方式，最终达到在"实践中学习"的目的。

1.2.2　Simtrade 外贸实习平台的实验内容

Simtrade 外贸实习平台是模拟的 B2B 电子商务中心，模拟实验内容按顺序如下：

(1) 建立独立的进出口公司，确定经营范围与品种。

(2) 利用网络发布广告、搜索交易信息。

(3) 通过电子邮件与业务伙伴确立合作意向。

(4) 按照交易对象、贸易术语等完成进出口成本核算。

(5) 贸易双方询盘、报盘、还盘、成交。

(6) 签订进出口贸易合同。

(7) 如果是信用证结算方式，开立信用证。

(8) 信用证开立后的审证和改证。

(9) 出口商签订内购合同(软件中的贸易公司是单纯的贸易型企业，生产由国内工厂进行)。

(10) 出口商或者进口商租船定舱(不同的贸易术语下当事人承担不同责任)。

(11) 进出口货物保险。

(12) 出口商进行报检。

(13) 出口商缮制报关单据。

(14) 出口商办理出口报关。

(15) 出口商缮制议付单据。

(16) 出口地银行处理议付结汇。

(17) 出口商办理出口核销退税(实验中一般假设出口商是我国公司)。

1.2.3　Simtrade 外贸实习平台中学生角色的设定以及职责

除系统管理员、指导老师外，出口商和进口商也是此实验的主要角色，另外还有三个辅助角色：供应商、出口地银行和进口地银行。

(1) 系统管理员：管理参与实习的班级资料、指导教师资料。

(2) 指导教师：为参加实习的学生分配角色(实习中途要变换出口商与进口商角色)；在软件中的淘金网网站发布新闻；调整商品及汇率等有关参数；解答实验中的专业疑难问题；设定实习评分标准；监控学生的操作。

(3) 出口商：出口商自主选择经营商品，并按照商品的特性与市场供求状况制定销售策略，同供应商、进口商建立业务联系；就一个或者多个项目进行商务谈判；灵活应用各种成交手段完成出口合同的签订与履行(重点是单据的填制)；按照公司的业务、库存和资金状况，确定下一步的经营策略；每完成一笔业务，查看自己的得分情况，确定下一项业务的改进方法与重点。

(4) 进口商：进口商按照市场供求状况与公司经营项目确定交易对象；通过严格的核算确定自己是否能够盈利；重点工作是开立信用证以及相关单据的填制。

(5) 供应商(工厂)、出口地银行、进口地银行：因为 Simtrade 软件主要是针对贸易过程的模拟实习，所以这几个角色在此软件中处于辅助角色的地位，一般实验中由班级中的少数同学兼任。

1.2.4　Simtrade 软件中的基本评分设定

软件对操作学生的评分为百分制。最终评分为出口商、进口商和工厂评分综合而来。出口商评分标准(进口商相同)与工厂评分标准如下：

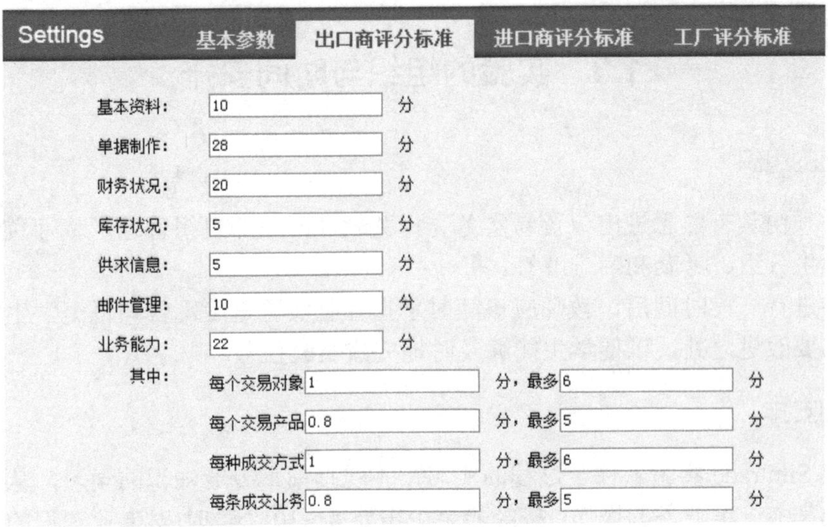

图 1.1

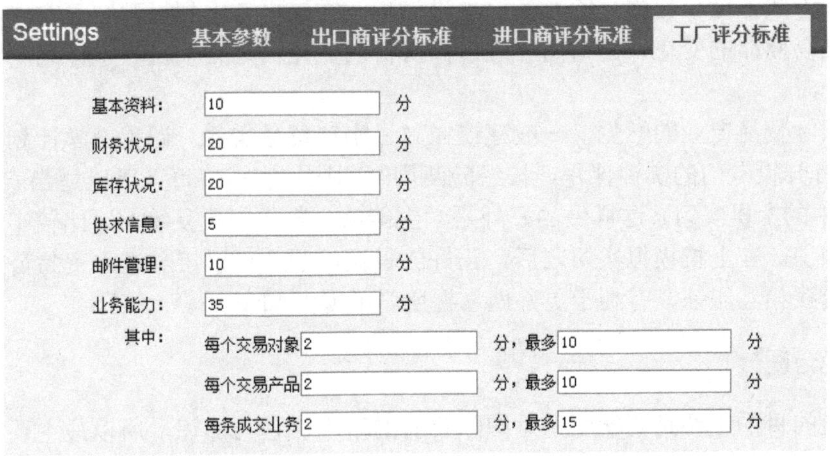

图 1.2

1.2.5　Simtrade 软件的局限性

Simtrade 进出口贸易实习平台主要侧重于贸易过程实习，进出口商对合同的签订与履行是学生操作的重点，所以其他关于货运、报关以及国际结算部分比较薄弱，这需要学生在学习"国际货运""报关实务""国际结算"课程以后选择相应的软件进行模拟实习。此软件中单据的填写相对简单，为了加强贸易单据方面的训练，也可以在实验的末期专门组织单据填写实验。

1.2.6　其他相似进出口贸易模拟软件

当然，随着我国国际贸易教学的不断深入，此类优秀的软件越来越多，例如浙江"浙科国际贸易模拟软件"、上海"硕研国际贸易模拟软件"等，使用者可以根据自己院校与学生的实际情况加以选用。

1.3 实验的组织与时间安排

1.3.1 实验的组织

实验必须由具有熟悉进出口贸易实务与相关软件的教师组织管理。教师负责实验软件的维护、学生分组、考勤和疑难解答。

在实验进行一段时间后，教师应该随时掌握控制实验进度，告知每个学生的实验得分情况以及需要改进之处，以便学生能够及时地完成实验任务。

1.3.2 时间安排

要完成 Simtrade 实验软件全过程的实习，不包括前期专业知识的学习，从熟悉软件到比较顺利地完成一笔业务的操作，按经验至少需要 4~10 个学时(对专业知识的掌握程度影响完成时间)；如果要完成多笔业务(这也是实验的基本要求之一)，例如汇付、托收和信用证每种结算方式下至少完成一笔业务，更进一步，如果再考虑到每种结算方式下贸易术语的变化、交易商品的变化、出口商与进口商身份的变化，则必须在教学计划制定时就考虑到适当的学时。

对于国际贸易专业的学生，一般建议在《进出口贸易实务》课程教学计划中留出适当的时间(或者开设专门的实训课程，按经验两周时间比较宽裕，每天可以适当安排 4~6 学时)进行集中的上机实习，这样做的好处是学生能够一鼓作气反复练习，比较牢固地掌握所学的理论知识。在上机模拟实习之后，正好放暑假，学生可以接着进入贸易公司实习，这样理论与实践相互印证，有利于更好地掌握所学的专业知识。

1.3.3 角色分配

本实验的目的主要是要学生熟悉国际贸易的基本流程与知识，所以最主要的角色是出口商与进口商，每一个学生都必须熟悉这两个角色。为了便于组织与管理，一般建议在实验周期进行一半时角色互换。

软件中对国内工厂、进出口银行的操作比较简单，为了避免学生自我交易，最好实训一开始就向学生强调交易时选择别人做自己的供应商(工厂)。

本 章 作 业

1. 了解模拟实习的目的与要求。
2. 熟悉本书的结构。
3. 复习国际贸易实务课程内容。

第二篇　交易前的准备

第 2 章　交易磋商前的准备

本章要点

在正式进行模拟实验前，必须做好准备工作。本章介绍模拟交易磋商前的准备工作：例如注册公司资料和发布供求信息(询盘)的基本操作。通过本章的学习，要求学生掌握有关进出口公司注册与询盘的基本知识。

本章预备知识

1. 因为进出口实务操作是一项政策性很强的工作，所以需要学生熟悉《中华人民共和国外贸法》等相关法律法规，最好提前温习《中国对外贸易概论》《国际贸易实务》等课程。
2. 了解我国关于公司经营进出口业务的基本要求；搜集进出口公司、著名商业银行的名称与地址等信息，以便比较真实地注册个人的模拟对象。
3. 熟悉询盘中可能用到的国际贸易专业英语。
4. 选择适合的浏览器（推荐 Chrome 或者以 IE 为核心的浏览器），并把浏览器弹出窗口设置为"允许"（十分重要）。

2.1 注册虚拟公司

2.1.1 出口商注册

(1) 登录外贸实习平台(软件所在的服务器地址)。

(2) 在此输入教师分配的用户名、密码,并选择用户类型(出口商,进口商操作选择进口商),登录系统,如图2.1所示。

图2.1

① 单击主界面上方的10个按钮,将出现相应的页面,如图2.2所示。

② 单击主界面下方的"查阅在线帮助""实习要求""在线列表""系统提示""我的公文夹"按钮,将出现相关界面。如单击"我的公文夹"按钮,可以了解到"我的合同""我的单据""我的状态""我的成长"等情况,如图2.3所示。

(3) 登录后首先开始完善资料:选择最上排的Profile项" "按钮,并填充完整,然后单击"确定"按钮(图2.4),就是需要完善的资料。

第 2 章
交易磋商前的准备

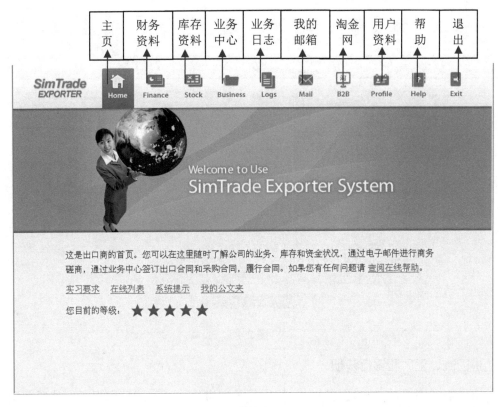

图 2.2

图 2.3

图 2.4

2.1.2 进口商、工厂和银行注册

与出口商相同，前三步按前述方法依次登录注册进口商、工厂和银行，然后分别完善资料如下。

(1) 进口商的资料完善界面如图 2.5 所示。

图 2.5

第 2 章 交易磋商前的准备

(2) 工厂的资料完善界面如图 2.6 所示。

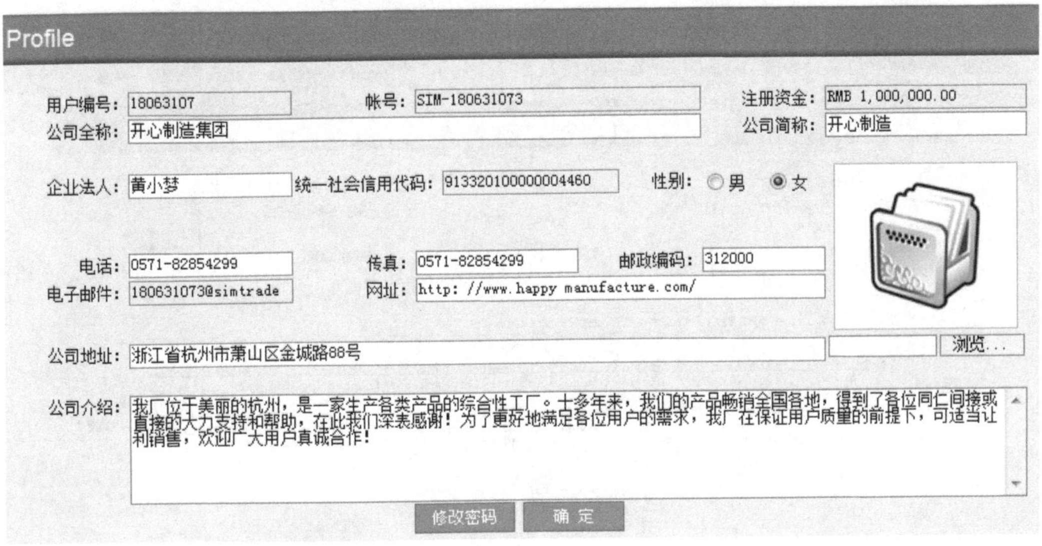

图 2.6

(3) 出口地银行的资料完善界面如图 2.7 所示。

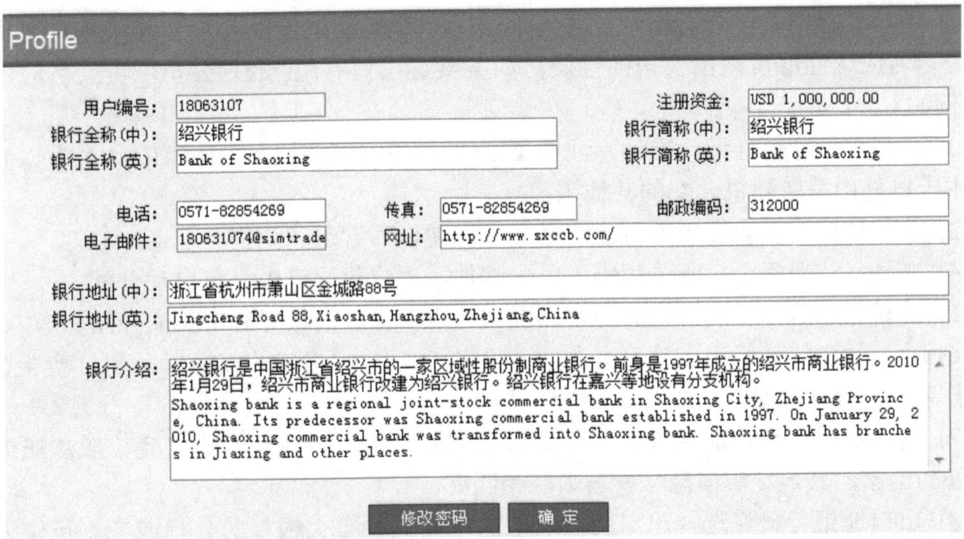

图 2.7

(4) 进口地银行的资料完善界面如图 2.8 所示。

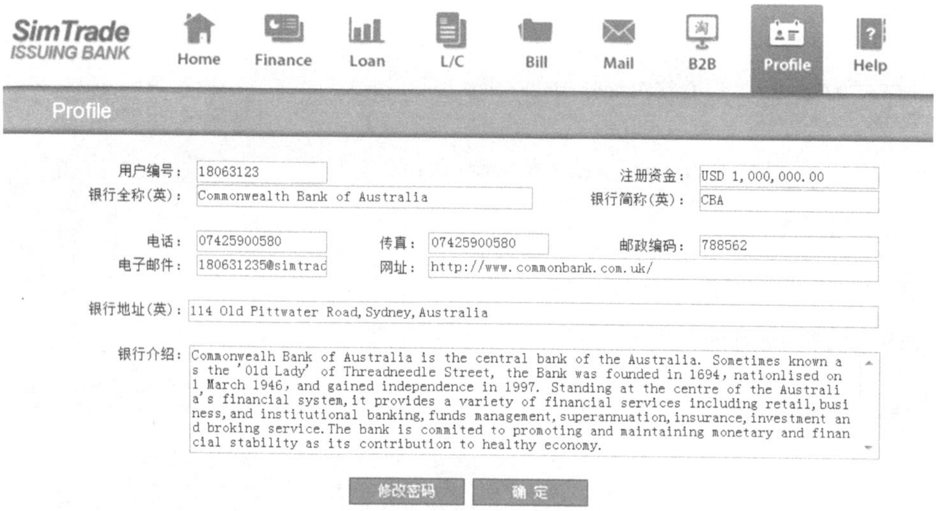

图 2.8

2.1.3 填写时注意事项

(1) 所填资料中关于公司和企业法人(应该是"企业法定代表人")等相关信息可自行拟定。公司名应该能够反映出公司的性质：如某某进出口有限(责任)公司，英文名应该符合规范(例如 Co.,Ltd.)。

(2) 公司地址应该详细、准确，注明国别(例如中国应该加上 P.R.CHINA，进口商应该填写中国以外由系统随机分配的其他国家)。

(3) 公司法定代表人应该为自己的名字，以便以后管理和识别。

(4) 账号、注册资金、海关代码、电子邮件、单位代码等由系统自动分配。

(5) 公司介绍应该反映公司的经营范围和特点，出口商最好有中英文介绍。

(6) 此处的资料最好记在笔记本上，或者建立一个 txt 格式的文档保存在 U 盘上，以便以后各章模拟交易时使用。

(7) 进口商的信息注册要求大多与出口商相同，但还应注意：进口商一般注册地是中国之外的国家，其地址等信息尽量与国家相匹配。

(8) 出口地银行最好选择出口商注册地的中国银行等大银行的分行或者支行作为注册银行，这样便于填写地址等资料。进口地银行也应该选择该国实际存在的大银行分行或者支行作为注册名(可以通过网络搜索)。

(9) 资料尽量填写正确详尽，这是系统对各交易方的评分依据之一。

2.2 选择交易商品

2.2.1 操作步骤

(1) 进口商/出口商登录外贸实习平台的网站后，选择最上排第七项"B2B"，出现如图 2.9

所示的对话框。

图 2.9

(2) 单击左上角的"产品展示"按钮，出现如图 2.10 所示的对话框。

图 2.10

(3) 在此寻找想要交易的商品，如对话框中第 12 页的"48 头餐茶具"，为下面交易做准备，如图 2.11 所示。

产品名称：**48 头餐茶具**
英文名称：CHINESE CERAMIC DINNERWARE 48-Piece Dinnerware and Tea Set
商品编号：12001
海关代码：6911101900

图 2.11

(4) 单击"48 头餐茶具"按钮，可进入查看该商品的基本资料，如图 2.12 所示。

商品基本资料	
商品编号：12001	海关代码：6911101900
中文名称：48 头餐茶具	英文名称：CHINESE CERAMIC DINNERWA
产　　地：CHINA	所属类别：瓷制品
销售单位：SET	成本(¥)：****** （成本只有由工厂登录进"淘金网"查看时，才能显现）
包装单位：CARTON	单位换算：每包装单位= 1 销售单位
毛　　重：24 KGS/包装	净　　重：16 KGS/包装　体积：0.0725 CBM/包装
商品图片	中文描述：1套/纸箱　英文描述：1SET/CARTON

加入收藏

图 2.12

(5) 在准备好的笔记本上记下图 2.12 中商品的详细信息(中英文)，方便以后交易时查找信息。

2.2.2 注意事项

(1) 商品不同，利润率也不同，将影响以后的财务状况。

(2) 每一次交易时，尽量选择不同的交易商品。一则系统会提示交易品种单一，从而影响评分；二则不利于熟悉国际贸易中的商品特性。

(3) 可以在"淘金网"上发布供货信息，邀请发盘，也可以随时查看"淘金网"上工厂的供货信息、进口商的邀请发盘信息(下一节)，然后再查看商品信息。

(4) 特别要注意商品的规格信息，区别销售单位与包装单位(有的商品是一包装单位等于一销售单位，但是更多的商品不是)，否则后面操作中的计算很容易出错。

2.3 寻找交易对象(询盘)

寻找贸易对象具有高度的策略性和技术性，只有了解贸易对象，才能使自己尽可能处于主动地位。交易者要关注所需供求信息、分析市场、主动联络客户、熟知商品营销和贸易程序。因此，在交易达成前，需要对交易对象、交易标的有一个全面的了解。

2.3.1 发布供求信息

(1) 出口商登录系统后，选择最上排第四项，出现如图 2.13 所示界面。

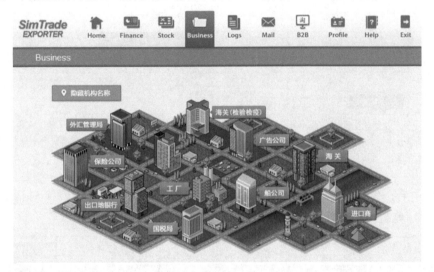

图 2.13

(2) 在此页面中单击代表"广告公司"的建筑物(鼠标放在上面时就会显示相应机构名称)，如将出现如图 2.14 所示界面。

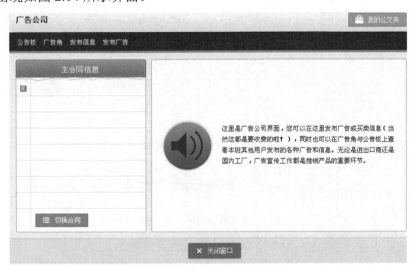

图 2.14

(3) 出口商发布供应英文信息(工厂也需要发布中文信息)。在图 2.14 的页面中单击"发布信息",出现如图 2.15 所示的对话框,填写完整后,单击"确定"按钮。此处填写的资料可从上节中得到的商品基本资料中进行查看。

图 2.15

(4) 确定后,供应信息已经发布完毕。此处发布的信息,可在前一个对话框的"公告板"处查看,单击"公告板"按钮,出现如图 2.16 所示的对话框。

图 2.16

进口商按照上述步骤(1)~(4),发布类似的商品英文信息。

2.3.2 寻找交易对象

(1) 出口商根据前述方法选择"业务中心"→"广告公司"→"公告板",在"公告板"这里查找需求与供应信息,如图 2.17 所示。

图 2.17

(2) 此处有工厂的供应、进口商的需求信息,找到相关信息后,为下面的交易磋商好准备。记录进口商的发布人信息,尤其是其公司名称及编号、邮箱。

2.3.3 邀请发盘

邀请发盘(Invitation to Offer)是指交易的一方打算购买或出售某种商品,向对方询问买卖该项商品的有关交易条件,或者就该项交易提出带有保留条件的建议,如"以未售出为准(Subject to Prior Sale)"或者"需经我方最后确认(Subject to Our Final Confirmation)"等。邀请发盘对于买卖双方均无法律上的约束力,但这是买卖双方贸易磋商的前奏,对于确定合适的交易对象非常重要。

邀请发盘有不同的形式,最常见的是询盘(Inquiry)。询盘多数是询问价格,通常称为询价。询盘可以由买方或卖方发出,在实际做业务时,由买方主动询盘的情况比较多。Simtrade 中以电子邮件方式进行询盘操作。

出口商/进口商/工厂看到上述的广告或者信息后,可以通过邮件向自己感兴趣的交易方邀请发盘(如出口商邀请进口商发盘):登录系统后单击最上排" "按钮,进入如下页面:单击上图左上角的"新建",进入创建邮件的界面,如图 2.18 所示。

图 2.18

 操作提示：无法弹出对话框怎么办？

浏览器安全设置中对弹出窗口的修改(选择菜单栏中的"工具"→"Internet"选项，确定"安全"选项卡中"自定义级别"中所有选项都选择为"启用"，且使"隐私"中"阻止弹出窗口"没有被选中)。

另一方回复操作：出口商/进口商/工厂看到上述的广告或者信息后，可以通过邮件向自己感兴趣的交易方询盘：登录系统后单击最上排的 按钮，单击左上角的"新建"按钮，进入创建邮件的界面，如图 2.19 所示。

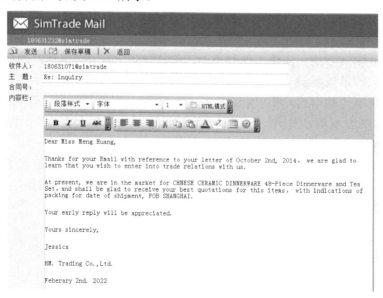

图 2.19

特别提示

在系统首页的"系统提示"会提示"信息与广告发布得太少""邮件写得太少",这将影响系统对学生整体的评分情况。所以,最好不要直接用QQ或口头等在系统之外的聊天方式洽谈合作。

2.3.4 注意事项

(1) 供求方发布的广告信息在"淘金网"主页上也可以看到。

(2) 发布广告要扣除广告费,可以在自己的财务状况页面查询。发布广告时要仔细检查所填信息,以免多发。

(3) 广告发布的多少也是评分的依据之一,系统将会在个人主页中提示。

(4) 进出口商发布的信息应该是全英文,工厂一般是中文。

(5) 询盘中应该初步了解交易商品品种等事项,为下一步的正式发盘以及签订合同做好准备。

(6) 发布信息时一定要留下自己的联系方式:模拟的电话、系统给的邮件地址(很重要,否则对方无法联系到你)。

(7) 交易内容多在邮件中讨论,出口商和进口商之间一定要用规范的英文,邮件过少影响系统的评分。

2.3.5 参考询盘英文

1. 建交函(说明信息来源/致函目的/本公司介绍/产品介绍)

We obtained your name and address from the internet.

In order to expand our products into Japan, we are writing to you to seek cooperate possibility.

We are writing to you to establish long-term trade relations with you.

We are a leading company with many years' experience in machinery export business.

A credible sales network has been set up and we have our regular clients from over 100 countries and regions worldwide.

Our products are enjoying popularity in Asian market.

To give you a general idea of our products, we are enclosing our catalogue for your reference.

Art. No. 10002 is our newly launched one with superb quality, fashionable design, and competitive price.

We are looking forward to your specific inquiries.

2. 询盘函(说明信息来源/说明询盘原因/询问具体交易条件)

May I have an idea of your prices?

Can you give me an indication of price?

Please let us know your lowest possible prices for the relevant goods.

If your prices are favorable, I can place the order right away.

Will you please tell the quantity you require so as to enable us to sort out the offers?

Your articles have been recommended to us by…

We have seen your ad in …and we are interested in…

We are interested in…

We have received many enquiries from our customers for…

We have a considerable demand here for…

Please send your current/latest catalogue/price list/brochure.

Please send us full details about your products.

Please quote your best/most competitive/lowest price.

Please quote your price gross/net/FOB.

Please include information about packing and shipping.

Please let us know on what term you can give us some discount.

If you can let us have a competitive quotation, we trust business will result.

本 章 作 业

1. 以实习教师分配给个人的账号和角色登录，完善注册信息。

2. 选择自己感兴趣的交易商品并以教师分配的角色发布广告(询盘)，寻找潜在的交易对象，确定基本的交易商品品种和数量，查看询问商品的工厂价格以及市场价格，为下一步交易磋商及签订合同做准备。

3. 熟悉整个软件的人机对话界面。

第三篇 交易磋商与订立合同

第3章 交易磋商

本章要点

交易磋商是最终签订合同的必需步骤,主要是关于合同中的主要条款(品质、价格、数量、包装、付款条件等)进行商讨。本章除了介绍交易磋商的操作步骤之外,重点说明了进出口商的价格预算方法与应注意的问题。

本章预备知识

1. 熟悉交易磋商的步骤和《联合国国际货物销售合同公约》对于发盘以及接受的有关规定。
2. 熟悉《2020年国际贸易术语解释通则》《UCP600》《URC522》等相关国际惯例。
3. 熟悉国际运输、保险等的计算方法。
4. 熟悉汇率兑换方法。
5. 熟悉贸易术语之间的价格换算公式。

在进行交易磋商的询盘(上一章内容)时，交易双方(进出口商)就交易的品质和数量等有了一定的意向，这时出口商一般会要求工厂报价(或者说出口商与工厂已经有长期的合作关系，已经知道供货价格；现实中如果是自营外贸企业，则不需此步骤)，进口商则会要求出口商报价。

交易中涉及的工厂的报价是出口商报价的基础，进口商国内市场的价格是报价的最高点。所以，要能够保证每一方都能够盈利，必须在磋商阶段就进行各自的价格预算，以便在保证不亏损的基础上争取自己的最大利润。

3.1　工厂的价格预算

工厂的报价是确定交易商品价格的基点，如果工厂报价过低，则工厂可能亏损，过高则出口商无利可图，甚至不能找到合适的进口商。所以工厂必须预算成本以准确地向出口商报价。

工厂的报价构成：

工厂对出口商的报价有两部分组成：成本＋利润。

$$成本＝生产总成本＋其他费用$$
$$生产总成本＝单价\times 数量$$
$$其他费用＝信息费用＋公司综合费用＋增值税$$
$$增值税＝（合同金额/(1＋增值税率)）\times 增值税率$$

工厂的报价操作如下。

(1) 出口商登录账号后，单击"业务中心"中的"广告公司"按钮，查看"公告板"。看到"供应48头茶餐具"信息，可向工厂发出询盘的邮件。

内容如图3.1所示，格式按照正常信函来写。

图 3.1

(2) 工厂登录后在主界面右下角看到邮件提示信息，打开后回复出口商。但在回复前，工厂务必准确计算出自身的生产成本和其他税费，才能在保证盈利并准确报价。

学生实习报告摘抄

刚开始扮演工厂角色时，只简单查看了"商品的基本资料"，没有把供应商费用和发布信息费用考虑进去，只是简单加了10%的利润就匆忙报价交易，结果最后一看自己的财务状况：亏损得一塌糊涂。

工厂在不知道买方的订购数量时，做好自己的成本预算并给出报价。

① 在"淘金网"的"产品展示"中找到"48头餐茶具"，单击"48头餐茶具"按钮查看"商品基本资料"，可知，其单位成本为480元人民币，海关代码为"6911101900"，如图3.2所示。

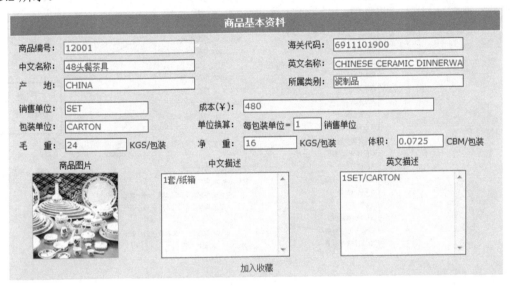

图 3.2

② 在"淘金网"上的"其他费用"中查到"所有角色"中的"发布信息"的信息费用计算方法(本例假设为发布了一次广告信息，即为5 000元人民币)，"供应商费用"中的"公司综合费用"的计算方法为每笔业务成交金额乘以5%，如图3.3所示。

③ 在"淘金网"页面上单击"税率查询"按钮，输入相应海关代码，单击"确定"按钮后，找到相应的商品(图3.4)，发现增值税率为13%，且没有消费税。

④ 成本预算中的计算如下。

设至少每单位报价为 X 元，为了使工厂不亏本(发布信息费用不计入)，则有 $X=480+X/(1+13\%)\times13\%+5\%X$，算出 $X=574.88$ 元。工厂为了自己在每单位至少获得10%的利润，以使得其中一部分来抵消自身的广告费等其他费用，则报价应不低于632.377元。在本例中，假设工厂每单位报价为700元。

项目	费用		描述
所有角色			
贷款利率	0.60%	贷款金额 * ?%	
汇款手续费	0.10%	汇款金额 * ?%，最低人民币5元	
邮费	USD 28.00	邮费	
发布广告	RMB 8000.00	广告费用(次)	
发布信息	RMB 5000.00	信息费用(次)	
出口商费用			
内陆运费	RMB 60.00	每立方米 ? 元	
检验费	RMB 200.00	每次 ? 元	
证明书费	RMB 200.00	产地证、检验证，每份 ? 元	
报关费	RMB 200.00	每次 ? 元	
核销费	RMB 10.00	每次 ? 元	
公司综合费用	5.00%	每笔业务成交金额 * ?%	
进口商费用			
检验费	RMB 200.00	每次 ? 元	
报关费	RMB 200.00	每次 ? 元	
内陆运费	RMB 60.00	每立方米 ? 元	
公司综合费用	5.00%	每笔业务成交金额 * ?%	
供应商费用			
公司综合费用	5.00%	每笔业务成交金额 * ?%	
出口地银行费用			
信用证通知费	RMB 200.00	每次 ? 元	
信用证修改通知费	RMB 100.00	每次 ? 元	
信用证议付费	0.13%	每笔业务成交金额 * ?%，最低人民币200元	
托收手续费	0.10%	每笔业务成交金额 * ?%，最低人民币100元，最高人民币2000元	
进口地银行费用			
信用证开证手续费	0.15%	每笔业务成交金额 * ?%，最低人民币200元	
信用证修改手续费	RMB 200.00	每次 ? 元	

工厂涉及的费用

图 3.3

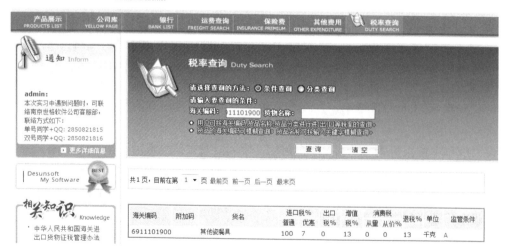

图 3.4

(3) 出口商看到工厂发盘邮件中的报价(在出口商的登录账号中，无法看到商品基本资料的成本价格，只有工厂才能看到商品的成本价格)后，若有异议，可以再次跟工厂进行磋商，确定最终交易价格，如图3.5所示。

图 3.5

3.2 出口商的价格预算

出口商的报价应该在工厂报价和进口商了解的国内售价之间。现实贸易中，出口商应该对国内市场价格和国际市场价格有深入的了解，也应该知道价格受供求状况影响很大。模拟操作中，出口商会根据工厂的报价核算成本，并考虑商品的特点报出进口商可以接受的价格。

3.2.1 出口商报价的构成

一般来说，出口商对进口商的报价由两部分构成：成本＋利润。

1. 成本构成

对出口商而言成本即是采购成本。所以在出口商与进口商磋商以前，一定要先了解交易商品的国内市场价格(模拟实验中与工厂先接洽)。供货商(工厂)报出的价格一般包含增值税。增值税是以商品进入流通环节所发生的增值额为课税对象的一种流转税。由于国家要鼓励出口，为了提高本国商品的竞争力，往往对出口商品采取按增值税款金额或按一定比例退还的做法(也就是出口退税),出口商品享受了出口退税,出口商的成本相应地减少,因而在核算成本时应将出口退税减去。

$$出口总成本＝采购成本(含增值税)＋国内费用－出口退税$$

现实中,国内费用大致包括以下几项(实验中的费用参考费用页面):

(1) 内陆运费:主运费、过桥费、装卸费。

(2) 检验费用。

(3) 公司综合费用:固定资产折旧费用、工资、修理费用、福利、招待费、交通费、差旅费等。

(4) 与海关有关的费用:通关费用、出口关税。

(5) 证明书费:如原产地证、领事发票等。

(6) 与银行有关的费用:包括出口签证费、押汇手续费、银行押汇利息等。

(7) 佣金 (可能有)。

(8) 海运费(本例是 FOB,所以没有)。

(9) 保险费(本例是 FOB,所以没有)。

2. 利润

在计算成本的基础上,每个公司都会根据市场供求以及其经营意图核定利润,学生操作时可以根据商品的特性(比如香水等奢侈品利润高,日用品利润低)确定一定的利润比率,比如一般定 10%,然后与进口商磋商,以求达到双赢的目的。

3.2.2 出口商价格预算的操作步骤

(1) 出口商与工厂接洽并咨询所需商品"48 头餐茶具"的订购价格后,计算购买所需商品的总成本,才能对进口商进行报价。此例的交易品种为"48 头餐茶具",工厂报价为 700 元人民币/SET,成交数量为 1 300SETS(假定与进口商磋商后的确定成交数量),则出口商采购成本＝700×1 300＝910 000 元。

(2) 做出口预算时,所涉及的各种费用,出口商可通过"淘金网"查看,如图 3.6 所示。

图 3.6

假设此笔交易贸易术语为 FOB,出口商不需要支付运费和保险费,因此只需要查看"其他费用"和"税率查询",如图 3.7 所示。

(3) 单击图 3.6 中的"其他费用"按钮,找到"所有角色"中的发布信息费和邮费(只有在 T/T 方式下出口商向进口商邮寄单据时按次收取,每次 28 美元,假设本例中只邮寄一次),如图 3.8 所示。

第3章 交易磋商

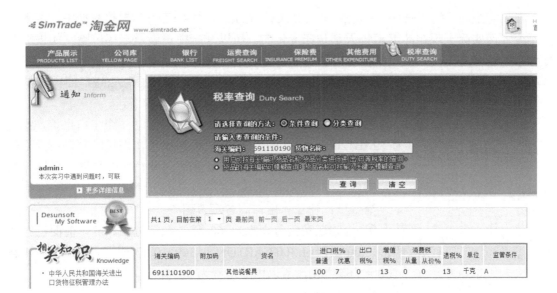

图 3.7

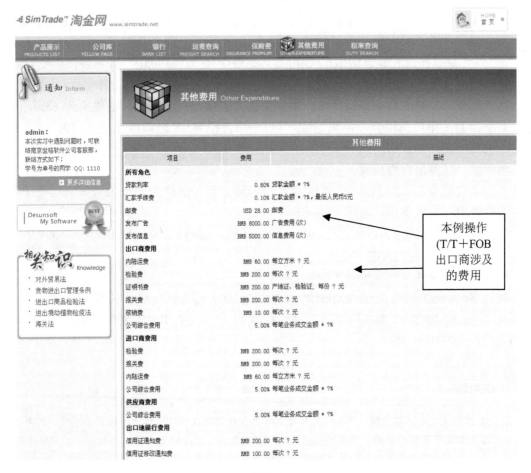

图 3.8

在"淘金网"的"银行"中查到澳元对人民币的汇率为4.1771(本模拟系统中,汇率一直不变,而实际上现在的汇率每天都是在变化的,所以系统中不涉及汇率风险。如果汇率变化率为百分之五,则出口商报价时要将这百分之五考虑进去),如图3.9所示。

此笔交易为FOB+电汇,汇付费用由汇款人(进口商)承担,所以收款人(出口商)无出口地银行使用费等费用。

第一步:根据工厂报价(RMB700)预估一个出口报价,假设为RMB1200/CARTON。(由于人民币报价在汇兑的时容易因为四舍五入而出错,因此出口商在报价时,最好外币取整,再换算成人民币。)

第二步:计算"出口商各项费用"

① 内陆运费为每立方米60元,关于体积计算,前面已经说明,1 300SET=1 300 CARTON,$1300 \times 0.0725 = 94.25(m^3)$,$94.25 \times 60 = 5655(元)$,所以内陆运费为5655(元)。

② 检验费200元。

③ 报关费200元。

④ 其他费用:包括公司综合费用($5\% \times 1300X$ 元)、证明书费(200元)、邮费($28 \times 7.1099 = 199.0772(元)$),其中邮费只有在T/T条件下才需要计入其他费用中),则可得其他费用共为78399.08元。

图3.9

第三步:计算出口退税。

在"淘金网"的"税率查询"中,输入商品海关编码,查到出口退税率为13%,所以出口商能得到的出口退税金额=采购成本/(1+增值税率)×出口退税率=$1300 \times 700/(1+13\%) \times 13\% = 104690.27(元)$。

第四步:计算出口商利润。

利润=合同金额+退税收入-采购成本-内陆运费-报检费-报关费-海运费-保险费-银行费用-其他费用,根据上述条件,可得

利润=$1300 \times 1200 + 104690.27 - 1300 \times 700 - 5655 - 200 - 200 - 0 - 0 - 0 - 78399.08$

=RMB 670236.19

第五步:根据利润定报价。

利润率=利润/合同金额=$670236.19/(1300 \times 1200) = 42.96\%$,这个利润符合预期。

出口商在与进口商磋商后,最终确定报价为RMB1200/CARTON,折算为1200/4.1771=AUD287.28。

特别提示

(1)计算预算费用非常关键,学生一定要考虑与进出口商达成协议时所使用的贸易术语和结算方式,根据与预算表相关项目对应计算,涉及的项目应在"运费查询"、"其他费用"、"保险费"和"税率查询"中逐项查找,对每一项都请务必仔细反复检查,以防一步错步步错的结果。

(2)最好以外币报价。

3.2.3 出口商价格预算时的注意事项

(1) 报价计算中应该谨慎细心,否则容易造成报价的低估,尤其是海运费中集装箱数量的计算。

(2) 实际业务中,为了计算方便,有的企业按定额费用率计算,即:定额费用=出口商品进价×定额费用率的计算方法。定额费用(各种出口费用),由各外贸公司按不同的出口商品实际经验情况自行核定。定额费用一般包括银行利息、工资支出、邮电通信费用、交通费用、仓储费用、码头费用以及其他的管理费用。

(3) 佣金和保险费通常根据成交价格来计算(本例中没有)。

(4) 报价核算有总价核算和单价核算两种方法:总价法比较精确,但要将核算结果折算成单价后才能对外报价,因为核算总价要用到成交数量,所以这里确定的成交数量也是下面与进口商磋商时的数量。

(5) 出口报价核算出来之后,要反复核对,可以用收入减去支出等于成本的原理来验算报价是否准确。最后一笔业务做完以后,系统会给出实际发生额,操作者应该仔细核对,总结错误的原因,以便下次改进。

3.3 进口商的价格预算

3.3.1 进口商价格预算的基本要求

在出口商对进口商发盘以后,进口商必须进行价格预算以确定这个价格能否使自己盈利。要做到这一点,进口商首先必须了解国际市场的供求状况,以及这种商品在国内的大致价格区间,然后根据出口商的报价进行详细核算,计算可能的讨价还价空间。

3.3.2 进口商价格预算的步骤

在此例中,假设进口商是英国公司(填写个人资料时已经确定)。在进行预算之前,进口商可以先到"市场"里面了解所要交易的12001项的市场价,如图3.10所示。

图 3.10

由此可知 12001 的澳大利亚市场价 AUD578.64，可以查看汇率把澳元转换成人民币，得出每套的人民币价格。

询盘中交易数量为 1 300 箱，假如出口商报价为每套 287.28 澳元。

因为假设此笔交易是采用 FOB＋T/T 成交，进口商负责保险和运费。

1. 海运费计算

1) 商品的毛重、净重与体积

(1) 在"产品展示"的搜索里面输入要交易的商品 12001，如图 3.11 所示。

图 3.11

搜索后，单击"产品名称"按钮，出现商品的交易信息，如图 3.12 所示。

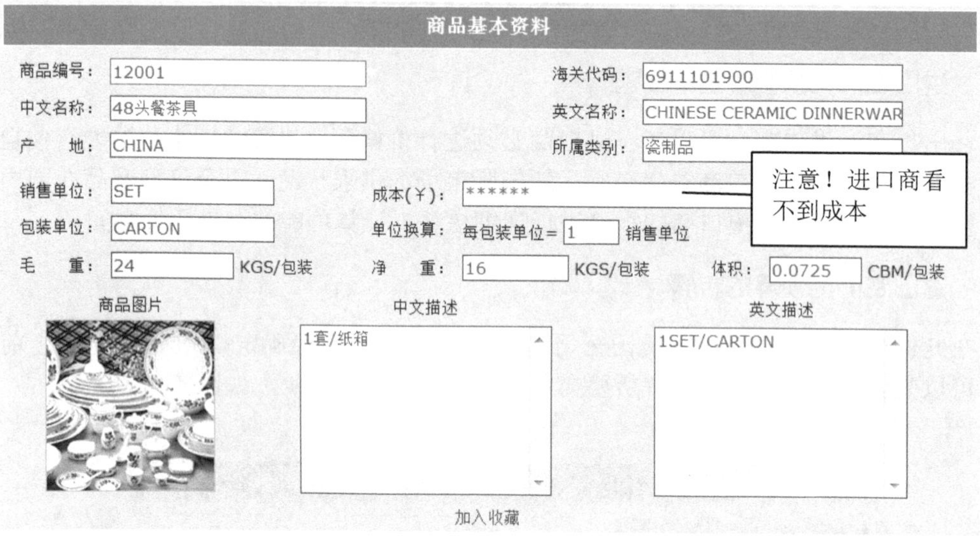

图 3.12

(2) 查询产品的销售单位与包装单位是否相同。

该产品 12001，销售单位是 SET(套)，包装单位是 CARTON(箱)，查"单位换算"可知该商品的每包装单位与销售单位相同(1 包装单位＝1 销售单位)，每箱毛重 24KGS，每箱净重 16KGS，每箱体积 0.072 5CBM，交易数量为 1 300CARTON。

(3) 计算该商品的毛重、净重、体积。单击 按钮来"了解产品的基本特点"，如图 3.13 所示。

在计算重量时，对销售单位与包装单位相同的产品(如食品类产品)，可直接用交易数量×每箱的毛(净)重；对销售单位与包装单位不同的产品(如玩具类、服装类产品)，必须先根据单位换算计算出单件的毛(净)重,再根据交易数量计算总毛(净)重。

了解产品的基本特点

实际业务中,进出口商通过从选定的目标市场中分析某种产品的销售趋势、利润空间等情况选择出目标产品,然后利用互联网、产品供应商以及目标市场的数据来了解目标产品的基本特点,为以后的交易磋商做好准备。

在SimTrade中,提供了大量可供交易的产品,使用者可以通过"淘金网"中"产品展示"的详细情况了解它们的质量、包装等基本特点。

[名词解释]
商品编号:在合同及各类单据中增加、修改商品资料时,须引用此编号(Product No.)。
海关代码:记下海关代码,可到"淘金网"中"税率"页面查此类商品的固定税率,对进口商、出口商、工厂的税收核算起重要作用。
中文名称、中文描述:产品的中文名称与描述,多用于出口商与工厂签的购销合同、出口商制作的出境货物报检单等单据中。
英文名称、英文描述:产品的英文名称与描述,多用于出口商与进口商签的外销合同、出口商制作的商业发票、装箱单等单据中。
所属类别:商品所属大类,在有些单据中会用到,如出口收汇核销单。
销售单位:在SimTrade中,合同的成交数量以销售单位来计算,单据中的Quantity项也是以销售单位来填写。
包装单位:在SimTrade中,体积与重量都是针对一个包装单位而言。单据中有关"Package"或"件数"项,须填写包装的数量及单位;有关"毛重"或"净重"项,须先根据成交数量计算出包装数量,再根据包装数量计算出重量来填写。
毛重、净重:在SimTrade中,毛、净重是指一个包装单位的毛、净重。
体积:在SimTrade中,体积是指一个包装单位的体积,使用者在计算总体积时,必须先算出包装数量,再以包装数量乘以单件包装的体积,方能算出总体积。

图 3.13

在计算体积时,对销售单位与包装单位相同的产品(如食品类产品),可直接用交易数量×每箱的体积;对销售单位与包装单位不同的产品(如玩具类、服装类产品),须先根据单位换算计算出包装箱数,再计算总体积。(注意:包装箱数有小数点时,必须进位取整箱。)

$$毛重 = 1\,300 \times 24 = 31\,200 \text{KGS}$$
$$净重 = 1\,300 \times 16 = 20\,800 \text{KGS}$$
$$体积 = 1\,300 \times 0.072\,5 = 94.25 \text{CBM}$$

注: 因该类产品销售单位与包装单位相同,计算时可不考虑单位换算的内容。但有些商品销售单位与包装单位不同,计算时要考虑。

例如:玩具类产品08001项,销售单位是UNIT(辆),包装单位是CARTON(箱),单位换算显示是每辆装6箱,每箱毛重23KGS,每箱净重21KGS,每箱体积0.080 52CBM。如果交易数量为1 000只,分别计算毛、净重、体积。

毛重的计算:
$$单件的毛重 = 23 \div 6 = 3.833 \text{(KGS)}$$
$$总毛重 = 3.833\,3 \times 1\,000 = 3\,833.3 \approx 3\,833 \text{(KGS)}$$

净重的计算:
$$单件的净重 = 21 \div 6 = 3.5 \text{(KGS)}$$
$$总净重 = 3.5 \times 1\,000 = 3\,500 \text{(KGS)}$$

体积的计算:
$$包装箱数 = 1\,000 \div 6 = 166.6,取整 167 箱$$

总体积＝167×0.080 52＝13.447(CBM)

2) 集装箱数量计算

在国际货物运输中，经常使用的是20'集装箱(TEU)和40'集装箱，20'集装箱的有效容积为25CBM，限重17.5TNE(公吨)，40'集装箱的有效容积为55CBM，限重26TNE，其中1TNE＝1 000KGS。进口商在做进口核算时，应该按照集装箱可容纳的最大包装数量来计算进口数量，以节省海运费。

计算集装箱数量的操作如下。

按上述已知的重量与体积，分别计算该商品用20'、40'集装箱运输进口时的最大可装箱数及进口数量。

(1) 每20'集装箱的计算如下。

按体积算可装箱数为25(20'集装箱有效容积)÷0.072 5(每箱的体积)＝344.83≈345(箱)

按重量算可装箱数为17 500(20'集装箱的限重)÷24(每箱的毛重)＝729.16≈730(箱)

取两者中较小的值，因此最大可装箱数取整345箱。

(2) 每40'集装箱的计算如下。

按体积算可装箱数为55÷0.072 5＝758.62≈759(箱)

按重量算可装箱数为26 000÷24＝1 083.33≈1 084(箱)

取两者中较小的值，因此最大可装箱数取整759箱。

总共1 300箱，到底应该如何选择呢？

3) 海运费计算

进口交易中，采用FOB贸易术语成交的条件下，进口商需核算海运费。

在进出口交易中，集装箱类型的选用，货物的装箱方法对于进口商减少运费开支起着很大的作用。

(1) 运费计算的基础。

运费单位(Freight Unit)是指船公司用以计算运费的基本单位。由于货物种类繁多，打包情况不同，装运方式有别，计算运费标准不一。

整箱装(FCL)：以整个集装箱为计算运费的单位，即整个集装箱都装的是一个货主的货物。整柜是一个按货柜多少钱来收费的，东西比较多的话可以用整箱(整柜)，一般只用20GP/40GP/40HQ货柜运输。费用较固定，根据船公司不同，费用相差不大。

拼箱装(LCL)：一个货主的货物与其他的货主的货物同装一个集装箱。散货就用拼箱运输，由拼箱公司把各客户的货物组合成整柜。当货物比较少时拼箱比较划算，因为拼箱是以较高运价为准，运价表上常注记M/W或R/T，表示船公司将就货品的重量吨或体积吨二者中择其运费较高者计算。

拼箱装时计算运费的单位为以下两种。

重量吨(Weight Ton)：按货物总毛重，以一公吨(1 TNE＝1 000KGM)为一个运费吨；体积吨/尺码吨(Measurement Ton)：按货物总毛体积，以一立方米(1 Cubic Meter；简称1MTQ或1CBM或1CUM)为一个运费吨。

(2) 查运价表的方法。

进口商根据交易数量算出产品体积后(上面已算)，再到"B2B"的"运费查询 FREIGHT SEARCH"页，找到对应该批货物目的港的运价，如图 3.14 所示。此次交易的产品 12001 项运费阿德莱德(ADELAIDE)的运费如图 3.15 所示。

正如以上所述，计算的原则是：如果报价数量正好够装整箱(20'集装箱或 40'集装箱)，则直接取其运价为基本运费；如果不够装整箱，则用产品总体积(或总重量，取运费较多者)×拼箱的价格来算出海运费。

图 3.14

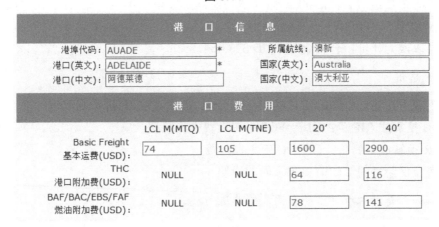

图 3.15

① 整箱装运的计算如下。

整箱运费分三部分(基本运费＋港口附加费＋燃油附加费)，总运费等于三部分费用的和。

参照上述计算,如果用40'货柜,需要两个(上述计算一个40'货柜装759箱,总共有1 300箱)。

基本运费:基本运费=单位基本运费×整箱数=2 900×2(假设用两个40'货柜)=USD 5 800

港口附加费:港口附加费=单位港口附加费×整箱数=116×2=USD 232

燃油附加费:燃油附加费=单位燃油附加费×整箱数=141×2=USD 282

总运费=5 800+232+282=USD 6 314

如果用20'货柜,需要1 300÷345=3.8≈4(个货柜),同样,基本运费=1 600×4=6 400(美元);港口附加费=64×4=256(美元);燃油附加费=78×4=312(美元);总运费=6 400+256+312=6 968(美元),大于40'货柜,所以最好选择2个40'货柜。

② 拼箱装的计算如下。

拼箱运费只有基本运费,分按体积与重量计算两种方式。

按体积计算,$X1$=单位基本运费(MTQ)×总体积=74×94.25=USD 6 974.5

按重量计算,$X2$=单位基本运费(TNE)×总毛重=105×31.2=USD 3276

(注:1 000KGS=1TNE)

总体积与总毛重参照基本运算,取$X1$、$X2$中较大的一个,则拼装运费按体积计算为USD 6 974.5

比较整箱装与拼箱装的运费,本次货物应用两个40'的集装箱比较经济。

最终可得:海运费=USD 6 314=AUD 10 747.15。

注意:系统中要求要么全是40'的集装箱,要么是20'的集装箱,不能混装。

2. 预算表中合同金额的填写

这是双方最后达成合同时的金额(在贸易磋商阶段可以不填),注意需换算成进口商的本币(可在"财务"中查看注册资金币别)。

此合同以澳元计价,合同金额AUD 373 464。

3. CIF总价

即交易双方在签订合同时所订的货品总金额。如不是CIF价,则要进行换算。

由FOB换算成CIF价:CIF=FOB+海运费+保险费

由CFR换算成CIF价:CIF=CFR+保险费

海运费及保险费的算法请参照下面的说明。

注意:如不是以本币订立的合同,则要进行换算。

该合同为FOB价,则该栏应填入的金额为:CIF=FOB+海运费+保险费(保险费下面计算)=373 464+10 747.15+3 755.52=AUD 387 966.67。

第3章 交易磋商

4. 内陆运费

在"B2B"的"其他费用"中，查到内陆运费为 RMB60/立方米(CBM)，如图3.16所示。

进口商费用
检验费　　　　　　　　RMB 200.00 每次 ? 元
报关费　　　　　　　　RMB 200.00 每次 ? 元
内陆运费　　　　　　　RMB 60.00 每立方米 ? 元

图3.16

可得：内陆运费＝出口货物的总体积×60÷4.1771＝AUD1353.81。总体积算法请参考"基本计算"。

5. 报检费

在"B2B"的"其他费用"中，查到报检费率为 RMB200/次，如图3.17所示。

进口商费用
检验费　　　　　　　　RMB 200.00 每次 ? 元

图3.17

可得：报检费＝200÷4.1771＝AUD47.88。

6. 报关费

在"B2B"的"其他费用"中，查到报检费率为 RMB200/次，如图3.18所示。

进口商费用
检验费　　　　　　　　RMB 200.00 每次 ? 元
报关费　　　　　　　　RMB 200.00 每次 ? 元

图3.18

可得：报关费＝200÷4.1771＝AUD47.88。

7. 关税

进入"B2B"的"税率查询"页，输入商品海关编码进行查询(例如输入商品12001的海关编码6911101900，查到进口优惠税率为7%)。Simtrade中的国家基本上都适用于优惠税率，因此可直接取优惠税率计算，如果没有，则填"0"。如果一笔合同涉及多项商品，则需要分别计算再累加。

在税率查询"海关编码"栏输入6911101900，如图3.19所示。

可得：商品进口税＝该项商品 CIF 总价×进口优惠税率＝387 966.67×7%＝AUD 27 157.67。

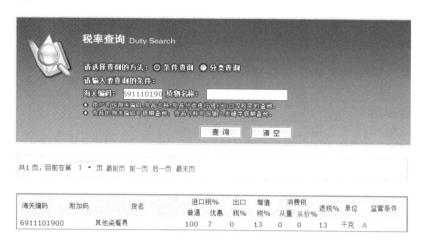

图 3.19

注意：要用 CIF 总价，而不是合同金额。

8. 增值税

进入"B2B"的"税率查询"页，输入商品海关编码进行查询(例如输入商品 12001 的海关编码 6911101900，查到增值税率为 13%)。如果一笔合同涉及多项商品，则需要分别计算再累加。

可得：商品增值税＝(该项商品 CIF 总价＋进口关税税额＋消费税税额)×增值税率(注意要用 CIF 总价，而不是合同金额，其中消费税税额计算方法见下一页)。

商品增值税＝(387 966.67＋27 157.67＋0)×13%＝AUD 53 966.16。

9. 消费税

进入"B2B"的"税率查询"页，输入商品海关编码进行查询(例如输入商品 12001 的海关编码 6911101900，查到增消费率为 0)。如果一笔合同涉及多项商品，则需要分别计算再累加。如果没有消费税，则填入"0"。

从价商品消费税＝(该项商品 CIF 总价＋进口关税税额)×消费税税率/(1－消费费税率)(注意要用 CIF 总价，而不是合同金额)，从量商品消费税＝应征消费税的商品数量×消费税单位税额，可得：消费税＝0。

10. 保险费

进口交易中，在以 FOB、CFR 条件成交的情况下，进口商需要到"B2B"中"保险费"页查询保险费率，用以核算保险费。如系 CIF 方式，此栏填"0"，公式如下。

$$保险费＝保险金额×保险费率$$
$$保险金额＝CIF 货价×(1＋保险加成率)$$

保险金额具体计算方法如下。

在进出口贸易中，根据有关的国际贸易惯例，保险加成率通常为 10%，当然，出口商也可以根据进口商的要求与保险公司约定不同的保险加成率。

由于保险金额的计算是以 CIF(或 CIP)货价为基础的，因此，对外报价时如果需要将 CFR(或 CPT)价格变为 CIF(CIP)价格，或是在 CFR(或 CPT)合同项下买方要求卖方代为投保时，均不应以 CFR 价格为基础直接加保险费来计算，而应先将 CFR(或 CPT)价格换算为 CIF(或 CIP)价格后再求出相应的保险金额和保险费。

(1) 按 CIF 进口时：保险金额＝CIF 货价×1.1。

(2) 按 CFR 进口时：保险金额＝CFR 货价×1.1/(1－1.1×r)，其中 r 为保险费率，请在"淘金网"的"保险费"页面查找，将所投险别的保险费率相加即可。

(3) 按 FOB 进口时：保险金额＝(FOB 货价＋海运费)×1.1/(1－1.1×r)，其中 FOB 货价就是合同金额，海运费请在装船通知中查找，由出口商根据配舱通知填写，如果出口商填写错误，请其查看配舱通知。

注意：

1. 这里的保险是按 ICC(伦敦保险业协会保险条款，国外公司投保时)的保险条款。

2. 因一切险(或 A 险)已包括了所有一般附加险的责任范围，所以在投保一切险(或 A 险)时，保险公司对一般附加险的各险不会再另收费。投保人在计算保险金额时，一般附加险的保险费率可不计入。

3. 基本险只能选择一种投保，特殊附加险则在基本险的基础上加保(中国保险条款，ICC 除恶意损害险外都可以单独投保)，如果同时加保特殊附加险中的战争险和罢工险，费率只按其中一项计算，不累加(即同时投保战争险和罢工险，费率仍是 0.80‰，而不是 1.60‰)。

例如：我方欲投保协会货物(A)险条款(ICC CLAUSE A)与战争险(WAR RISKS)，此时保险费率 r＝(0.8%＋0.80‰)，可得：保险费＝保险金额×保险费率＝(FOB 货价＋海运费)×1.1/(1－1.1×r)×r＝(373 464＋10 747.15)×1.1÷[1－1.1×(0.8%＋0.08%)]×(0.8%＋0.08%)＝AUD 3 755.52。

11. 银行费用

不同的结汇方式，银行收取的费用也不同。

在"B2B"的"其他费用"页中查得开证手续费率 0.15%(最低 200 元)，修改续费率 200RMB/次、付款手续费率 0.13%(最低 200 元)、D/A 费率 0.1%(最低 100 元，最高 2 000 元)、D/P 费率 0.1%(最低 100 元，最高 2 000 元)、T/T 费率 0.08%，如图 3.20 所示。

出口地银行费用		
信用证通知费	RMB 200.00	每次 ? 元
信用证修改通知费	RMB 100.00	每次 ? 元
信用证议付费	0.13%	每笔业务成交金额 * ?%, 最低人民币200元
托收手续费	0.10%	每笔业务成交金额 * ?%, 最低人民币100元，最高人民币2000元
进口地银行费用		
信用证开证手续费	0.15%	每笔业务成交金额 * ?%, 最低人民币200元
信用证修改手续费	RMB 200.00	每次 ? 元
信用证付款手续费	0.13%	每笔业务成交金额 * ?%, 最低人民币200元
托收手续费	0.10%	每笔业务成交金额 * ?%, 最低人民币100元，最高人民币2000元
电汇手续费	0.08%	每笔业务成交金额 * ?% 最低50元，最高1000元

图 3.20

此次交易的合同金额为 AUD 373 464，T/T 方式下，银行费用＝373 464×0.08%＝AUD298.77＝RMB1 248.00＞RMB1 000，所以银行费用为 1 000÷4.1771＝AUD239.40。(注意：如果进口商的本币不是美元，则须再查本币汇率将计算结果换算成本币，换算方法参照前面 CIF 总价的汇率换算。)

12. 其他费用

本栏即进口商公司综合费用，在"B2B"的"其他费用"中，查到进口综合费用为合同金额的 5%，如图 3.21～图 3.23 所示。

图 3.21

图 3.22

图 3.23

可得：进口综合费用＝合同金额×5%＝373464×5%＝AUD 18 673.2。

注意事项：

1. 虽然名义上系统中将进口商设为中国之外的国家，但是操作环节以及费用基本上是参考中国国内设置，只是需要将当地货币、交易货币与人民币进行适当转换。从某种意义上，进口商实际上也是模拟中国国内的进口操作。

2. 进口商预算表是交易达成以后才必须操作的步骤，但是其中的某些项目在出口商报价后就要计算，不然就会亏损。后面磋商时，根据出口商报价加上上述相关费用和利润，得出的商品价格要与市场价作比较，确定还盘的空间。

特别提示

计算时，直接算出最终币种报价，不要通过中间币种再次转换。同时注意表格中的关于费用的提示，例如"最低**、最高**"，不要掉以轻心。

3.4 交易磋商(发盘/还盘/接受)

询盘后(询盘不是必要阶段,可以不必询盘,只要知道对方的邮件地址,可以直接发盘)。进出口商进行以上的初步预算,然后讨价还价,直至就合同的内容达成一致。出口商为招揽订货单而向一些国外客户寄发的商品目录(Catalogues)、报价单(Quotation)、价目表(Price List),或刊登的商品广告等,都不是发盘,而只是发盘邀请,客户据此提出订货单才是发盘。

3.4.1 发盘

发盘(Offer)又称为报盘、报价和发价(《公约》第14条第1款将"发价"定义为:"向一个或一个以上特定的人提出的订立合同的建议,如果十分确定并且表明发价人在得到接受时承受约束的意旨,即构成发价。"),是指交易的一方(发盘人)向另一方(受盘人)提出购买或出售某种商品的各项交易条件,并表示愿意按这些条件与对方达成交易,订立合同的行为,我国法律上称为"要约"。

一项有效的发盘一经对方接受,发盘人就有义务按发盘中所规定的条件与对方订立合同;而受盘人有权利在发盘的有效期内要求对方按发盘中所规定的条件与之签订合同。

出口商(或者进口商)通过邮件向进口商(出口商)发盘:登录系统后单击最上排"Mail"按钮。

(1) 单击上图左上角的"新建"按钮,进入创建邮件的界面,填写完整发盘信息,包括收件人地址、主题、想要进行交易的商品的名称、编号、数量、报价、贸易术语、结算方式、大致装运时间(例如某月之前,在某月期间)等,注意用英文发盘,如图3.24所示。

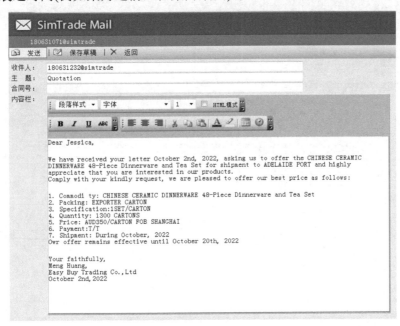

图 3.24

(2) 单击左上角的"发送"按钮,此时邮件已发送成功,即出口商完成了发盘。

3.4.2 还盘

还盘(Counter-offer),又称还价,是指受盘人收到发盘后,对发盘的内容不同意或不完全同意,为进一步协商而提出修改建议或新的交易条件的表示。

根据《公约》的规定,受盘人对货物的价格、付款、品质、数量、交货时间与地点、一方当事人对另一方当事人的赔偿责任范围或解决争端的办法等条件提出添加或更改,均作为实质性变更发盘条件。所以,还盘不一定是还价,对付款方式、装运期等主要交易条件提出不同的建议,也都属于还盘的性质。在还盘时,对双方都同意的条件一般无须重复列出。

进口商登入页面,看到右下角出现一个"邮件提醒"的对话框,可打开查看邮件,也可直接进入"我的邮箱"进行查看,如图 3.25 所示。

图 3.25

打开邮件进入后,是出口商发盘的具体内容。进口商应根据预算,仔细审核每一项内容,如有不同意指出,可进行还盘。单击左上角的"回复"按钮,便可在所收到的邮件内容下方予以回复,如图 3.26 所示。

图 3.26

单击"发送"按钮后，进口商还盘便已成功。

3.4.3 接受

接受是指收盘人接到对方的发盘或还盘后，同意对方提出的条件，愿意与对方达成交易，并及时以声明或行为表示出来，在法律上称作"承诺"。接受如同发盘一样，既属于商业行为，也属于法律行为。接受产生的法律后果是交易达成，合同成立。

出口商进入"我的邮件"，可以看到一封来自进口商的未读邮件，单击进入邮件内容，查看进口商的还盘，如无异议，便可回复邮件表示接受；如有异议，可在此进行还盘。下面是接受进口商的还盘过程：单击"回复"按钮→将邮件填写完整→单击"发送"按钮即可。

至此，进出口商的交易磋商已经结束，下面将进入订立进出口合同阶段。

3.4.4 发盘/还盘/接收英文要求与示例

商务信函要求内容正确、完整。

商务信函设计买卖双方的权利、义务和利益等利害关系，是各种贸易单据的根据，对双方均有约束力。因此要熟练使用贸易术语，注意行文规范，标点及拼写无误。书信内容应力求完整，内容叙述必须正确无误。

发信人对所陈述内容力求写的明白，并详尽描述，做到完整。要确定所述时间、地点、颜色、尺码、品质等内容，并对发票、信用证、提单等的号码、价格等进行核实。例如，接受对方报盘时，最好讲明全部调价或结束报盘的根据(如报价单、信件)等，因为这种信件实际上已是成交合同，如果不完整，有可能引起不必要的纠纷。

We are very pleased to receive your inquiry dated and now confirm our fax offer of this morning as follows:

This offer is subject to your reply reaching here before October 15, Beijing time.

We are glad to receive your letter of March 12 but sorry to learn that your customers find our quotation too high.

However, in order to develop our market in your place, we have decided to accept your counter offer as an exceptional case.

We believe the first transaction will turn out to be profitable to both of us.

You may rest assured that we shall effect shipment strictly as contracted.

Enclosed please find our sales confirmation No. 346 in duplicate, one copy of which please sign and return to us for our file.

本 章 作 业

1. 出口商选择一种商品，记下这种商品的资料，以 T/T + FOB 方式与进口商交易磋商，重点练习价格核算。

2. 进口商选择一种商品，记下这种商品的资料，以 T/T + FOB 方式与出口商交易磋商，重点练习价格核算。

第 4 章 订立进出口合同

本章要点

订立的国际货物销售合同是否有效、规范，会直接影响到进出口业务的成败。一般来说，合同成立的时间是贸易磋商"接受"生效之时。订立合同时存在着合同形式、合同条款(包括条款本身及其相互关系)以及其他诸多方面的风险，这些风险都不同程度地影响了合同的履行。

本章预备知识

1. 本章操作前，请复习进出口实务教材中有关合同订立的章节，掌握与合同有关的基本英文词汇和合同条款的英文表达。
2. 检查上一章与交易对方的函电来往，确认已经达成交易。

4.1 进出口合同的一般要求

4.1.1 进出口合同的形式

国际贸易中,交易双方订立进出口合同有书面形式,根据当事人之间长期交往中形成的习惯做法,或发盘人在发盘中已经表明受盘人无需发出接受通知,可直接以行为做出接受而订立的合同。

根据国际贸易的习惯做法,签订书面合同是合同成立的依据,是合同生效的条件,也是合同履行的依据。

书面合同的形式包括合同(Contract)、确认书(Confirmation)、协议书(Agreement)、备忘录(Memorandum)和订单(Order)等,实践中采用"合同"和"确认书"两种形式的居多,这两种形式的书面合同法律效力无区别。"合同"又可分为销售合同(Sales Contract)和购买合同(Purchase Contract)。前者是指卖方草拟提出的合同;后者是指买方草拟提出的合同。确认书是合同的简化形式,它又分为销售确认书(Sales Confirmation)和购货确认书(Purchase Confirmation)。前者是卖方出具的,后者是买方出具的。

合同或确认书通常一式两份,由双方合法代表分别签字后各执一份,作为合同订立的证据和履行合同的依据。

4.1.2 进出口合同的内容

书面合同不论采取何种格式,其基本内容通常包括约首、本文和约尾三个组成部分。

1. 合同的约首

约首部分一般包括合同名称、合同编号、缔约双方名称和地址、电报挂号、电传号码等内容。

2. 合同的本文

本文是合同的主体,包含至少 5 个方面的具体内容:①合同的标的,包括买卖货物的品名、品质、数量、包装等;②价格,包括货物的单价、总价和贸易术语,有时还包括佣金和折扣;③买方义务,即支付货款并收取货物,包括货款支付时间、地点、方式、币别、派船时间等;④卖方义务,交付货物,移交一切与货物相关的单据,转移货物所有权,包括交货时间、地点、方式、提交单据的种类、份数等;⑤预防争议和解决争议的方法,即货物的检验、索赔、免责和仲裁等。

有关争议的条款有:①品质条款(Quality Clause);②数量条款(Quantity Clause);③包装条款(Packing Clause);④价格条款(Price Clause);⑤支付条款(Terms of Payment);⑥交货条款(Terms of Shipment);⑦违约条款(Breach Clause);⑧不可抗力条款(Force Majeure Clause)。

3. 合同的约尾

约尾部分一般包括合同份数、双方当事人签字、使用文字和效力，必要时可以加上附件，作为合同的一部分。

出口商操作步骤如下：

(1) 出口商在"业务中心"页面单击"进口商"按钮，单击"起草合同"按钮，填写完整后，确定即可，如图4.1所示。

图4.1

 **特别提示**

出口商起草合同时，交易对象应为进口商的用户编号，银行编号应为起草合同的出口方所在地银行用户编号，反之，则相反。不要填错，否则可能要重新起草合同。

(2) 确定后将会出现一份空白的合同。

(3) 将这份空白的合同填写完整并保存，如果遇到问题，可单击合同上的"SALES CONFIRMATION"按钮，里面有详细的指导。完整合同如图4.2所示。

注意：合同中，进口商信息、货物描述都要完整，其他项目要与磋商中双方商定的内容一致。每一项信息的填写请参照上图，具体填写标准请单击蓝色下划线"SALES CONFIRMATION"需要学生仔细对照，如图4.3所示。

Easy Buy Trading Co.,Ltd
Jingcheng Road 88 Xiaoshan,Hangzhou,Zhejiang Province,China

SALES CONFIRMATION

Messrs:	HM.Trading Co.,Ltd 114 Old Pittwater Road,Sydney,Australia		No.	CONTRACT2495
			Date:	2022-11-15

Dear Sirs,

We are pleased to confirm our sale of the following goods on the terms and conditions set forth below:

Choice	Product No.	Description	Quantity	Unit	Unit Price	Amount
					[FOB] [SHANGH.]	
○	12001	CHINESE CERAMIC DINNERWARE 48-Piece Dinnerware and Tea Set 1SET/CARTON	1300	SET	AUD287.28	AUD373464
					[添加][修改][删除]	
		Total:	1300	SET		[AUD] [373464]

Say Total:	SAY AUD three hundred and seventy-three thousand four hundred and sixty-four
Payment:	T/T ▼ [ ]
Packing:	CHINESE CERAMIC DINNERWARE 48-Piece Dinnerware and Tea Set 1SET/CARTON
Port of Shipment:	SHANGHAI
Port of Destination:	ADELAIDE
Shipment:	All of the goods will be shipped from Shanghai to ADELAIDE before November 20,2022.Partial shipments and transhipment are not allowed
Shipping Mark:	CHINESE CERAMIC DINNERWARE 48-Piece Dinnerware and Tea Set AUSTRALIA C/NO 1-4500 MADE IN CHINA
Quality:	As per sample submitted by sellers
Insurance:	The BUYER shall arrange marine insurance covering ALL Risks bearing Institude Cargo Clauses(ALL Risks) Plus institute War Clause (Cargo) for 110% Of CFR value and provide of claim, if any, payable in
Remarks:	The buyer are requested to sign and return one copy of the Sales Confirmation immediately after accepting the same

BUYERS	SELLERS
	Easy Buy Trading Co.,Ltd
	Meng Huang
(Manager Signature)	(Manager Signature)

[打印预览][保存][退出]

图 4.2

Description

品名条款。此栏应详细填明各项商品的英文名称及规格，这是买卖双方进行交易的物质基础和前提。对商品的具体描述说明是合同的主要条款之一，如果卖方交付的货物不符合合同规定的品名或说明，买方有权拒收货物、撤销合同并提出损害赔偿。

在SimTrade中，商品的详细资料请在淘金网"产品展示"里查找，此栏目填写必须与淘金网的商品详细资料里商品英文名称及英文描述完全一致。

例1：产品01005的商品描述：CANNED SWEET CORN
　　　　　　　　　　　　3060G×6TINS/CTN
例2：产品04001的商品描述：WOODEN TEA SERVICE
　　　　　　　　　　　　PACKING: 1SET/BOX, 5SETS/CARTON

图 4.3

刚接触模拟实习流程时，如果只考虑到商品从工厂发货给出口商，再由出口商销售给进口商，出口商只与进口商磋商好要进行交易的商品，而没有签订销售合同，但是，当出口商向工厂订购一批商品后，进口商发生资金不足或者想进口另一种产品的现象而取消交易，这样就会使出口商货物囤积，财务状况恶化，系统将会扣分。

(4) 合同填写完整后，出口商进入业务中心，单击"进口商"按钮，选择"检查合同"按钮，检查无误后返回。此时开始"添加单据"，首先应添加一份出口预算表，单击"确定"按钮即可，如图 4.4 所示。

图 4.4

(5) 返回到"查看单据列表"，单击出口预算表的编号，把出口预算表按照前面的计算填写完整并保存即可，如图 4.5 所示。

如果起草合同出错，总是通不过怎么办？撤销，由交易的另一方重新起草正确的合同。

出口预算表

合同号：CONTRACT2985
预算表编号：STEBG000648

（注：本预算表填入的位数全部为本位币）

项目	预算金额	实际发生金额
合同金额	1560000	0.00
采购成本	910000.00	0.00
FOB总价	1560000	0.00
内陆运费	5655.00	0.00
报检费	200.00	0.00
报关费	200.00	0.00
海运费	0.00	0.00
保险费	0.00	0.00
银行费用	0.00	0.00
其他费用	78399.08	0.00
退税收入	104690.27	0.00
利润	670236.19	0.00

[打印] [保存] [退出]

图 4.5

特别提示

根据预算费用填写预算表。由于预算表只能在一笔交易完成之后才能核对预算与实际发生金额有无出入，所以填写预算表必须谨慎，表内的每个金额和接下来制作单据内容是密切相关的，若一个预算错误，将牵一发而动全身，不仅影响所扮演角色的财务状况，而且会大大影响系统对学生的评分。

(6) 出口预算表填写完整好，出口商在"业务中心"页面单击"进口商"按钮，选择"合同送进口商"。

(7) 合同发送成功后，系统自动将发送一封邮件给进口商，提醒进口商合同已发出，并等待进口商的确认，如图 4.6 所示。

图 4.6

4.2 进口商操作步骤

(1) 进口商登录界面后，会出现一封邮件提醒，如图 4.7 所示。

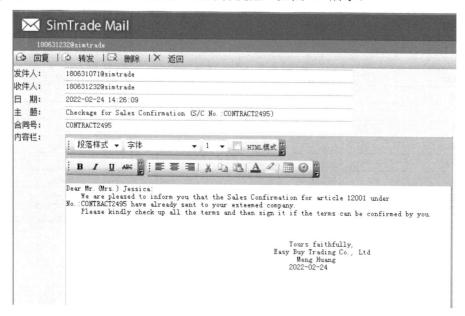

图 4.7

(2) 在"BUSINESS"页面单击"出口商"按钮，单击"切换"按钮找到合同，单击"确认"按钮设置为主合同。

(3) 单击"修改合同"，在"BUYERS"填上进口商的名称和企业法人代表(实际上应该是企业总经理的签名，现实操作中一般都会标明总经理的身份)，如图 4.8 所示。

图 4.8

	Total:	1300	SET		[AUD]	[373464]
Say Total:	SAY AUD three hundred and seventy-three thousand four hundred and sixty-four					
Payment:	T/T ▼ [					]
Packing:	CHINESE CERAMIC DINNERWARE 48-Piece Dinnerware and Tea Set 1SET/CARTON					
Port of Shipment:	SHANGHAI					
Port of Destination:	ADELAIDE					
Shipment:	All of the goods will be shipped from Shanghai to ADELAIDE before November 20,2022.Partial shipments and transhipment are not allowed					
Shipping Mark:	CHINESE CERAMIC DINNERWARE 48-Piece Dinnerware and Tea Set AUSTRALIA C/NO 1-4500 MADE IN CHINA					
Quality:	As per sample submitted by sellers					
Insurance:	The BUYER shall arrange marine insurance covering ALL Risks bearing Intitude Cargo Clauses(ALL Risks) Plus institute War Clause (Cargo) for 110% Of CFR value and provide of claim, if any, payable in CHINA,with AUD					
Remarks:	The buyer are requested to sign and return one copy of the Sales Confirmation immediately after accepting the same					

图 4.8(续)

单击"保存"按钮，如图 4.9 所示。

BUYERS	SELLERS
HM.Trading Co.,Ltd.	Easy Buy Trading Co.,Ltd
Jessica	Meng Huang
(Manager Signature)	(Manager Signature)

[打印预览][保存][退出]

图 4.9

注意：

每一项信息的填写请参照上图，具体填写标准请单击蓝色下划线"SALES CONFIRMATION"，需要学生仔细对照要求填写表单。

(4) 关闭窗口后，单击"添加单据"按钮，选择"进口预算表"单选项，如图 4.10 所示。

图 4.10

(5) 在"查看单据列表"里单击进口预算表的编号，依次把相关的数据填入，如图 4.11 所示。

进口预算表

合同号：	CONTRACT2495		
预算表编号：	STIBG000609		（注：本预算表填入的位数全部为本位币）
项目		预算金额	实际发生金额
合同金额		373464	0.00
CIF总价		387966.67	0.00
内陆运费		1353.81	0.00
报检费		47.88	0.00
报关费		47.88	0.00
关税		27157.67	0.00
增值税		53966.16	0.00
消费税		0	0.00
海运费		10747.15	0.00
保险费		3755.52	0.00
银行费用		239.40	0.00
其他费用		18673.2	0.00

[打印] [保存] [退出]

图 4.11

 特别提示

淘金网上的内陆运费、报检费和报关费是以人民币计价的，都要换算成本国货币，例如本案例是澳大利亚，应换算成澳元。另外，进口关税和增值税比较高，所以在预算时要注意防止缴税太多而出现亏损。

千万不要按取消合同按钮，该按钮没有提示是否取消合同，就直接取消了。一旦取消，只能重新来过。

(6) 单击"确认合同"按钮，输入合同号和进口地银行编号。
(7) 确认后出现如图 4.12 所示的界面。

成功确认合同，合同生效，进入履约阶段！

[返回]

图 4.12

至此，合同签订已经完成，将进入下一章的履约阶段。

本章作业

1. 按照上一章练习的内容完成交易磋商以后，进口商起草合同，订立进出口合同。
2. 搜集真实的外销合同范本，比较与模拟实验所填写的合同有何不同？

第5章 订立内购合同及工厂履约

本章要点

出口商与进口商完成交易磋商并签订外销合同以后,就可以与工厂磋商并签订内购合同。实际上,出口商与工厂一般都是长期的合作关系,在与进口商磋商以前,对价格等条款已经有一定的共识。由于我们的主要的模拟对象是进出口贸易,所以工厂环节的操作相对简单。

本章预备知识

1. 了解《中华人民共和国合同法》,拓展学习相关知识。
2. 了解外贸代理与自营进出口的相关知识,区别模拟操作与现实操作。
3. 了解国内企业税收知识。

第5章 订立内购合同及工厂履约

5.1 工厂起草合同操作步骤

出口商与进口商签订完合同以后，应该及时与工厂联系，组织产品的生产。

内购合同可以由出口商与工厂任意一方起草，另一方签字确认。

5.1.1 操作步骤

(1) 工厂登录后，按照前一章所述方法完成与出口商的磋商并达成一致后，单击"业务中心"按钮，找到"出口商"，单击"起草合同"按钮，输入自定义合同号和交易对象编号(对方学号)，如图5.1所示。

图 5.1

(2) 确定后，进入合同页面，根据工厂和出口商的协商内容填写合同，此处的开户银行均为出口地银行，相关信息通过联系出口地银行查找(指导教师事先告知扮演出口地银行同学的编号，以便出口商及工厂联系，查找过程此处省略)，填好后如图5.2所示。

注意：

合同中的交货时间是模拟时间，在现实情况中，工厂合同填写时间和交货时间会有一段时间间隔。

每一项信息的填写请参照上图，具体填写标准请单击蓝色"买卖合同"，需要学生仔细对照要求逐项填写。

买 卖 合 同

卖方： 开心制造集团
买方： 易购进出口贸易公司

合同编号： ORDER2495
签订时间： 2022-11-11
签订地点： 绍兴

一、产品名称、品种规格、数量、金额、供货时间：

选择	产品编号	品名规格	计量单位	数量	单价(元)	总金额(元)
○	12001	48头餐茶具 1套/纸箱	SET	1300	700	910000
		合计	SET	1300		910000

[添加] [修改] [删除]

合计人民币(大写)： 玖拾壹万元整

备注：
1. 所有生产的罐体采用暗码打字方式，不得在罐盖上显示生产日期。
2. 本合同经双方传真签字盖章后即生效。

二、质量要求技术标准、卖方对质量负责的条件和期限：
质量符合国标出口优级品，如因品质问题引起的一切损失及索赔由供方承担，质量异议以本合同产品保质期为限。（产品保质期以商标效期为准）

三、交(提)货地点、方式：
工厂交货。

四、交(提)货地点及运输方式及费用负担：
集装箱门到门交货，费用由需方承担。

五、包装标准、包装物的供应与回收和费用负担：
纸箱包装符合出口标准，商标由需方无偿提供。

六、验收标准、方法及提出异议期限：
需方按照出口优级品检验内在品质及外包装，同时供方提供商检放单，或商检换证凭单。

七、结算方式及期限：
需方凭供方提供的增值税发票及相应的税收（出口货物专用）缴款书在供方工厂交货后的七个工作日内付款，如果供方未将有关票证备齐，需方扣除17%税款支付给供方，等有关票证齐全后结清余款。

八、违约责任：
违约方支付合同金额的15%违约金。

九、解决合同纠纷的方式：
按《中华人民共和国合同法》。

十、本合同一式两份，双方各执一份，效力相同。未尽事宜由双方另行友好协商。

卖 方	买 方
单位名称： 开心制造集团	单位名称：
单位地址： 浙江省杭州市萧山区金城路88号	单位地址：
法人代表或委托人： 黄小梦	法人代表或委托人：
电话： 0571-82854299	电话：
统一社会信用代码： 91332010000004460	统一社会信用代码：
开户银行： 绍兴银行	开户银行：
帐号： SIM-180631073	帐号：
邮政编码： 312000	邮政编码：

[打印预览] [保存] [退出]

图 5.2

(3) 填好后对合同进行检查，如未发现错误，单击"保存"按钮。"检查合同"无误后，单击"合同送出口商"按钮。

5.1.2 注意事项

(1) 工厂应该关注自己的生产能力，当生产能力不够时，及时与出口商联系请其转购，或者与银行联系贷款，最好在自己的资金或生产能力范围内和出口商签订合同。

(2) 与出口商的联系尽量用系统邮件，不要用 QQ 或者直接口头联系，影响系统成绩评定，而且也不正规。

5.2 出口商修订合同的操作步骤

出口商收到合同以后，如果对合同内容有异议，可以通过邮件与工厂联系，然后修改确认。

(1) 出口商登录后，进入"业务中心"，单击"工厂"按钮，单击左边的"切换"按钮，选中并单击"确定"按钮将其设置为主合同。

(2) 单击"修改合同"按钮，检查无误后在右下角填好买方即出口商信息，相关信息可在出口商首页的"资料"里查找，然后单击"保存"按钮。此时出现如图 5.3 所示的页面。

买 卖 合 同

卖方：开心制造集团　　　　　　　　　　合同编号：ORDER2495
买方：易购进出口贸易公司　　　　　　　签订时间：2022-11-11
　　　　　　　　　　　　　　　　　　　签订地点：绍兴

一、产品名称、品种规格、数量、金额、供货时间：

选择	产品编号	品名规格	计量单位	数量	单价(元)	总金额(元)	交(提)货时间及数量
●	12001	48头餐茶具 1套/纸箱	SET	1300	700	910000	2022-11-11工厂交货
		合计	SET	1300		910000	

[添加] [修改] [删除]

合计人民币(大写)：玖拾壹万元整

备注：1. 所有生产的揭码采用暗码打字方式，不得在揭盖上显示生产日期。
　　　2. 本合同经双方传真签字盖章后即生效。

二、质量要求技术标准、卖方对质量负责的条件和期限：
质量符合国标出口优级品，如因品质问题引起的一切损失及索赔由供方承担，质量异议以本合同产品保质期为限。（产品保质期以商标效期为准）

三、交(提)货地点、方式：
工厂交货。

四、交(提)货地点及运输方式及费用负担：
集装箱门到门交货，费用由需方承担。

五、包装标准、包装物的供应与回收和费用负担：
纸箱包装符合出口标准，商标由需方无偿提供。

六、验收标准、方法及提出异议期限：
需方按照出口优级品检验内在品质及外包装，同时供方提供商检放行单，或商检证凭单。

图 5.3

七、结算方式及期限:
需方凭供方提供的增值税发票及相应的税收（出口货物专用）缴款书在供方工厂交货后的七个工作日内付款,如果供方未将有关票证备齐,需方扣除17%税款支付给供方,等有关票证齐全后结清余款。

八、违约责任:
违约方支付合同金额的15%违约金。

九、解决合同纠纷的方式:
按《中华人民共和国合同法》。

十、本合同一式两份,双方各执一份,效力相同。未尽事宜由双方另行友好协商。

卖 方	买 方
单位名称： 开心制造集团	单位名称： 易购进出口贸易公司
单位地址： 浙江省杭州市萧山区金城路88号	单位地址： 浙江省杭州市萧山区金城路88号
法人代表或委托人： 黄小梦	法人代表或委托人： 黄梦
电话： 0571-82854299	电话： 0571-82854299
统一社会信用代码： 913320100000004460	统一社会信用代码： 913320100000004450
开户银行： 绍兴银行	开户银行： 绍兴银行
帐号： SIM-180631073	帐号： SIM-180631071
邮政编码： 312000	邮政编码： 312000

图 5.3(续)

注意:

每一项信息的填写请参照上图,具体填写标准请单击蓝色下划线"买卖合同",需要学生仔细对照要求逐项填写。

(3) 保存后单击合同页面的"退出"按钮,会出现如下对话框,单击"确认合同"按钮即可,如图 5.4 所示。

图 5.4

(4) 关闭上面的对话框,至此工厂与出口商的内销合同已确认完毕。出口商应及时通过邮件或者其他方式提醒对方(系统会自动发一封邮件提醒),工厂下一阶段开始履约。

 **特别提示**

如果起草合同出错,总是通不过怎么办?撤销,由交易的另一方重新起草正确的合同。

5.3 工厂履约步骤

5.3.1 操作步骤

合同签好后,工厂进入履约阶段。

(1) 登录工厂界面,右下方会出现邮件提醒,单击后弹出如图 5.5 所示的对话框。

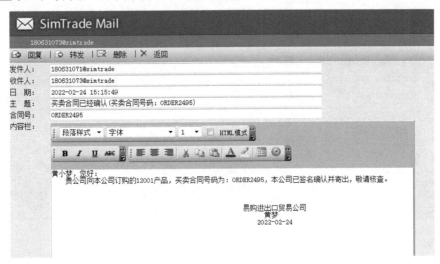

图 5.5

(2) 此时工厂应及时组织生产。进入"业务中心"页面,然后单击"市场"按钮,单击"查看市场"按钮,找到交易商品,如图 5.6 所示。

图 5.6

(3) 单击"组织生产"按钮后，出现如图 5.7 所示的页面，输入生产数量，单击"确定"按钮即可。

图 5.7

(4) 在业务中心单击"出口商"按钮，进入放货阶段，单击"放货"按钮，如图 5.8 所示。

图 5.8

(5) 在业务中心单击"国税局"按钮，在左边检查合同信息，信息确认无误后，单击"缴税"按钮出现"缴税成功"的界面，如图 5.9 所示。

图 5.9

(6) 回到主界面单击 按钮,查看各项支出,结算盈亏,如图 5.10 所示。

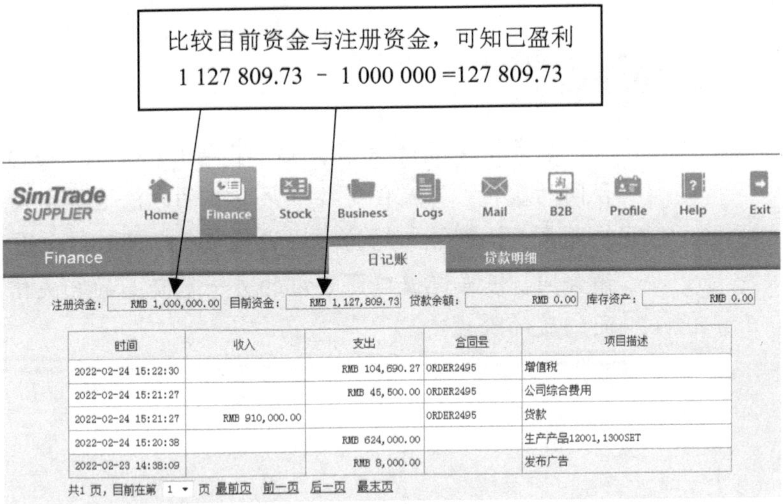

比较目前资金与注册资金,可知已盈利
1 127 809.73 − 1 000 000 =127 809.73

图 5.10

至此,工厂与出口商的内销合同完成。

5.3.2 注意事项

(1) 各角色应该及时查看自己的主页面与邮件,防止业务延误。
(2) 工厂组织生产时,商品数量应按照合同规定严格执行。

本 章 作 业

1. 延续前一章的作业,签订内购合同。
2. 搜集真实的内销合同范本,比较与模拟实验所填写的合同有何不同。

第四篇 进出口合同的履行

第6章 汇付结算方式下的合同履行(T/T＋FOB)

本章要点

本章模拟汇付结算方式(T/T 电汇)下，使用 FOB 贸易术语的合同的履行。其流程需按照第二篇的方法选择交易商品、建立客户关系，按照第三篇的方法进行交易磋商、订立进出口合同和内销合同。根据进出口商签订的另一笔交易的相关信息，之后是合同的履约阶段。

第 6 章 汇付结算方式下的合同履行(T/T＋FOB)

本章预备知识

1. T/T(电汇)方式下的流程图(图 6.1)

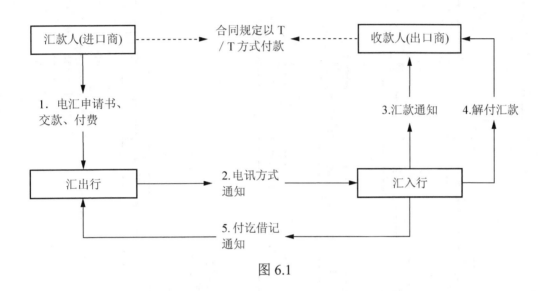

图 6.1

2. FOB 下买卖双方的主要义务

FOB 下买卖双方的主要义务见表 6-1。

表 6-1

卖方的主要义务	买方的主要义务
(1) 付款	(1) 交货，及时发装船通知
(2) 租船/订舱，通知卖方	(2) 办理出口清关手续
(3) 办理进口清关手续	(3) 无
(4) 办理保险	(4) 无
(5) 接受单据	(5) 交单
(6) 承担货物装上船后的一切损失和风险	(6) 承担货物装上船为止的一切损失和风险
价格构成＝采购成本＋各种费用－出口退税	

3. T/T＋FOB 履约流程(图 6.2)

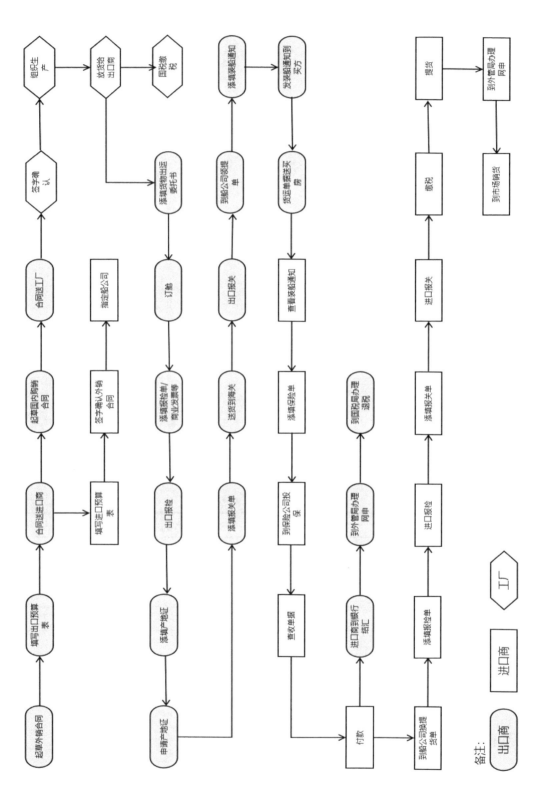

图 6.2

第6章 汇付结算方式下的合同履行(T/T＋FOB)

6.1 出口商(含工厂)履约步骤

由前章可知,国际买卖合同可以由出口商/进口商任意一方起草,然后由另一方修改签名确认;国内采购合同采用相同的操作方法。本操作假设出口商起草国际货物买卖合同以及国内采购合同,前述步骤已经在前几章有详细描述。其余步骤如下叙述。

6.1.1 单据添加

登录"出口商"界面后,在"业务中心"页面单击"进口商"按钮,选中主合同,单击"添加单据"按钮,单击"确定"按钮。单击"查看列表"按钮,找到单据列表中对应的单据,单击其对应编号,填写"货物出运委托书",以下的各类单据添加和此步骤相同,如图 6.3 和图 6.4 所示。

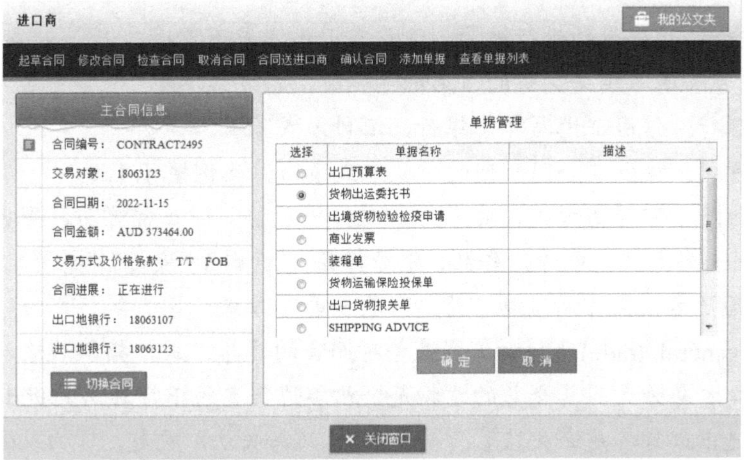

图 6.3

图 6.4

注意：

1. 以下单据填写时，要填写的空白处都会有光标出现，可以单击帮助查看如何填写。
2. 日期：委托出运日期。
3. 托运人：填写出口公司中文名称及地址(如是信用证，填写信用证受益人，见第八章)。
4. 抬头人：即提单上的抬头人，将来船公司签发的提单上的相应栏目的填写会参照委托书的写法。
5. 通知人：在 T/T 方式下，直接填写进口商(填写信用证规定的提单通知人名称及地址，通常为进口商)。
6. 合同号：填写相关交易的合同号码。
7. 运输编号：出口商自行编制用于外运的编号，多数出口商直接以发票号作为运输编号。
8. 银行编号：开证行的银行编号，注意在汇付方式下不填。
9. 信用证号：填写相关交易的信用证号码，汇付方式不填。
10. 开证银行：信用证填写开证银行，汇付方式不填。
11. 付款方式：按出口合同所列的付款方式填写，此例填 T/T。
12. 贸易性质，即贸易方式，共分为 7 种：一般贸易即正常贸易，寄售、代销贸易，对外承包工程，来料加工，免费广告品、免费样品，"索赔""换货""补贸"和进口货退回。在 Simtrade 中为了方便操作，货物都为"一般贸易"方式。

一般贸易(general trade)是与加工贸易相对而言的贸易方式，指单边输入关境或单边输出关境的进出口贸易方式，其交易的货物是企业单边售定的正常贸易的进出口货物。

一般贸易进出口货物是海关监管货物的一种。《海关法》规定，货物或运输工具进出境时，其收发货人或其代理人必须向进出境口岸海关请求申报，交验规定的证件和单据，接受海关人员对其所报货物和运输工具的查验，依法缴纳海关税和其他由海关代征的税款，然后才能由海关批准货物和运输工具的放行。

一般贸易货物在进口时可以按一般进出口监管制度办理海关手续；也可以享受特定减免税优惠，按照特定减免税监管制度办理海关手续，这时它就是特定减免税货物；也可以经海关批准保税，按照保税监管制度办理海关手续，这时它就是保税货物。

13. 贸易国别：填写进口国。如果通过我国驻港机构与他国成交，应填香港。
14. 运输方式：按实际填写如海运、陆运、空运等方式。
15. 消费国别：填写进口国。如无法确定实际消费国，可填最后运往国。
16. 装运期限：按外销合同所列填写。
17. 出口口岸：填写货物出境时我国港口或国境口岸的名称，按合同所列填写。如果出口货物在设有海关的发运地办理报关手续，出口口岸仍应填写出境口岸的名称。
18. 有效期限：如是信用证结算方式，按信用证所列填写。信用证的有效期限是受益人向银行提交单据的最后日期。受益人应在有效期限日期之前或当天向银行提交信用证单据。此例中不填。

19. 目的港：填写出口货物运往境外的最终目的港，按合同填写。

20. 可否转运、可否分批：此例中按出口合同填写。如果允许分批或转运，则填"是"或"YES"或"Y"，反之，则填"否"或"NO"或"N"。

21. 运费预付、到付：必须与贸易术语匹配。如 CIF 或 CFR 出口，一般均在运费预付栏填"是"或"YES"或"Y"字样，并在到付栏填"否"或"NO"或"N"，千万不可漏列，否则收货人会因运费问题提不到货，虽可查清情况，但拖延提货时间，也将造成损失。如是 FOB 出口，则反之，除非收货人委托发货人垫付运费。

22. 标志唛头：照合同规定填写。唛头即运输标志，既要与实际货物一致，还应与提单一致。无唛头时，应注"N/M"或"No Mark"。如为裸装货，则注明"NAKED"或散装"In Bulk"。如果是信用证方式，来证规定唛头文字过长，用"/"将独立意思的文字彼此隔开，可以向下错行。即使无线相隔，也可酌情错开(第八章)。

23. 货名规格：填写货物描述。

24. 件数、数量：分别填写货物的外包装数量与销售数量。

25. 毛重、净重、价格币制、单价、总价：按前章计算的货物实际情况填写。

26. TOTAL：填写出口货物的总件数、数量、毛重、净重及价格。

27. FOB 价：填写成交的 FOB 价格，如按 CIF、CFR 价格成交的，应扣除其中的保险费、运费以及其他佣金、折扣等。以成交币种折算成人民币和美元时，均应按系统当天公布的汇率折算。

28. 总体积：按前章计算出的货物实际情况填写。一般以立方米(CBM)列出。

29. 受托人注意事项：填写承运人或货运代理人需注意的事项(选填)。

30. 保险险别、保额、赔款地点：此例中由进口商投保，可不填。

31. 海关编号：填写出口商公司的海关代码。SimTrade 中由系统自动编排海关代码，在出口商自己的基本资料里查找(这些基本资料应该在笔记本上记下以便随时查看使用)。

32. 制单员：填写制单员姓名(出口商自己)。

33. 受托人名称、电话、传真、委托代理人：受托人的相关信息，出口商不填。

34. 委托人名称、电话、传真、委托代理人：填写出口商的相关信息。

货物出运委托书如图 6.5 所示。

货物出运委托书

(出口货物明细单) 日期: 2022-11-15

根据《中华人民共和国合同法》与《中华人民共和国海商法》的规定，就出口货物委托运输事宜订立本合同。

合同号	CONTRACT2495	运输编号	
银行编号	18063107	信用证号	
开证银行			

托运人	易购进出口贸易公司 中国浙江省杭州市萧山区金城路88号

付款方式	T/T		
贸易性质	一般贸易	贸易国别	AUSTRALIA

抬头人	To order

运输方式	海运	消费国别	AUSTRALIA
装运期限	2022-11-20	出口口岸	SHANGHAI

通知人	

有效期限	2022-11-20	目的港	ADELAIDE
可否转运	NO	可否分批	NO
运费预付	NO	运费到付	YES

选择	标志唛头	货名规格	件数	数量	毛重	净重	单价	总价
○	CHINESE CERAMIC DINNERWARE 48-Piece Dinnerware and Tea Set AUSTRALIA C/NO 1-4500 MADE IN CHINA	CHINESE CERAMIC DINNERWARE 48-Piece Dinnerware and Tea Set 1SET/CARTON	1300CARTON	1300SET	31200KGS	20800KGS	AUD287.28	AUD373464
		TOTAL:	[1300] [CARTON]	[1300] [SET]	[31200] [KGS]	[20800] [KGS]		[AUD] [373464]

[添 加] [修 改] [删 除]

注意事项		FOB价	[AUD] [373464]
		总体积	[94.25] [CBM]
	保险单	险别	
		保额	[ ] [0]
		赔偿地点	
	统一社会信用代码	913320100000004<	
	制单员	黄梦	

委托人 (即承运人)
名称: ____
电话: ____
传真: ____
委托代理人: ____

委托人 (即托运人)
名称: 易购进出口贸易公司
电话: 0571-82854269
传真: 0571-82854269
委托代理人: 黄梦

[打印预览] [保存] [退出]

图 6.5

注意：

(1)托运人(委托人)为出口商公司名称，而委托代理人为出口商的企业法人，签名切不要弄混了。

(2)保存后，点击"货物出运委托书"的"检查"按钮，对错误进行修改(之后无法更改)。

6.1.2 洽订舱位

进口商回到"业务中心"页面，单击"船公司"按钮，单击"指定船公司"按钮，点确定(如图6.6)。

图 6.6

然后出口商也进入"业务中心"，单击"洽订舱位"按钮，输入集装箱类型(此例中计算为40'货柜)和装船日期(合同约定)，如图6.7所示。

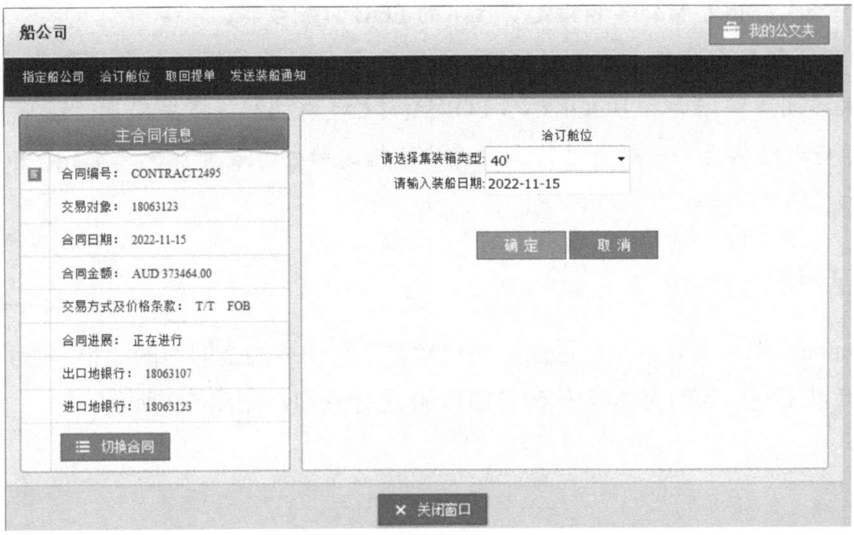

图 6.7

此时，可进入"业务中心"的"进口商"的"查看单据表"中找到"配舱通知"，如图 6.8 中的信息须详细核对和记录，以备下一步填单据时使用。

世格国际货运代理有限公司
DESUN INTERNATIONAL TRANSPORT CO., LTD

To: Easy Buy Trading Co., Ltd

Date: 2022-11-15

Port of Discharge(目的港): ADELAIDE

Country of Discharge(目的国): Australia

Container(集装箱种类): 40' X 2

Ocean Vessel(船名): Amsterdam

Voy.No.(航次): DY100-04

Place of Delivery(货物存放地): SHANGHAI CY

Freight(运费): AUD 10747.15

图 6.8

注意事项：

1. 实际操作中，FOB 下进口商自己指定好船公司或者指定好货代，出口商的工作主要是与进口商沟通，确认指定的船公司或者指定货代的联系方式、电话地址等，然后开始订舱。个别情况下，出口商可能没有指定的船公司或者货代，出口商可以委托自己熟悉的货代代理操作没有指定船公司和指定货代下的 FOB 订舱步骤。

2. 出口商联系上述船公司或则货代，咨询口到目的港的详细船期(了解例如具体开船时间、截关时间等)。索取"BOOKING FORM(订舱委托书)"，根据船期，填写 BOOKING FORM，填好订舱单后，一般通过传真方式传给指定船公司或者货代。至此，FOB 订舱步骤基本完成。

6.1.3 出口报检

在 Simtrade 中，交易商品是否需要出口检验，可在"淘金网"的"税率查询"页输入所交易的商品 12001 项的海关编码 6911101900 进行查询，如图 6.9 所示。

第 6 章 汇付结算方式下的合同履行(T/T＋FOB)

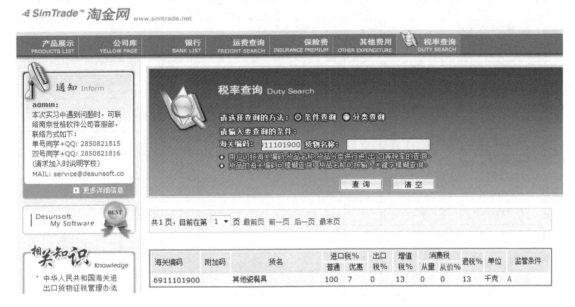

图 6.9

此例中，监管条件为 A，为必须取得入境货物通关单商品。

A 入境货物通关单：进口法定商检，也就是进口的商品必须按国家海关法规定要所属的出入境检验检疫局检验检疫才可以进口报关。

B 出境货物通关单：同理出口法定商检，出口前必须取得所属国家出入境检验检疫局出具的检验检疫报告才可以通关。

各类监管条件如图 6.10 所示。

1. 准备相关单据

(1) 添加"出境货物检验检疫"并进行填写，如图 6.11 和图 6.12 所示。

注意：

参照表中所需填写项目，结合自身贸易商品所需"随附单据"，仔细地逐项填写。每一项信息的填写请参照上图，具体填写标准请单击蓝色下划线"出境货物检验检疫"，需要学生仔细对照要求逐项填写。

监管条件代码及含义

代码	含义	代码	含义	代码	含义
A	入境货物通关单	a	请审核预核签章	1	进口许可证
B	出境货物通关单	b	***	2	进口许可证(轿车用)
C	入境货物通关单(民用商品验证)	c	***	3	***
D	出/入境货物通关单(毛坯钻石用)	d	***	4	出口许可证
E	***	e	***	5	定向出口商品许可证
F	濒危物种进出口允许证	f	***	6	旧机电产品禁止进口
G	被动出口配额证	g	***	7	自动进口许可证或重要工业品证明
H	***	h	***	8	禁止出口商品
I	精神药物进(出)口准许证	i	***	9	禁止进口商品
J	金产品出口证或人总行进口批件	j	***		
K	***	k	***		
L	***	l	***		
M	***	m	***		
N	电机产品进口许可证	n	***		
O	自动进口许可证(新旧机电产品)	o	***		
P	进口废物批准证书	p	***		
Q	进口药品通关单	q	***		
R	***	r	预归类标志		
S	进出口农药登记证明	s	适用ITA税率商品用途认定证明		
T	银行调运外币现钞进出境许可证	t	关税配额证明		
U	白银进口准许证	u	进口许可证(加工贸易,保税)		
V	***	v	***		
W	麻醉药品进出口准许证	w	***		
X	有毒化学品环境管理放行通知单	x	***		
Y	***	y	出口许可证(边境小额贸易)		
Z	进口音像制品批准单或节目提取单	z	***		

图 6.10

第6章 汇付结算方式下的合同履行（T/T＋FOB）

中华人民共和国出入境检验检疫

出境货物检验检疫申请

申请单位（加盖公章）：	易购进出口贸易公司		＊编 号	STEPC000532
申请单位登记号： 9133201000000	联系人：黄梦	电话：0571-82854269	申请日期：2022年11月15日	

发货人	（中文）	易购进出口贸易公司
	（外文）	Easy Buy Trading Co.,Ltd

收货人	（中文）	
	（外文）	HM.Trading Co.,Ltd.

选择	货物名称（中/外文）	H.S.编码	产地	数/重量	货物总值	包装种类及数量
○	48头餐茶具 CHINESE CERAMIC DINNERWARE 48-Piece Dinnerware and Tea Set	6911101900	CHINA	1300SET	AUD373464	1300CARTON

[添加] [修改] [删除]

运输工具名称号码	Amsterdam/DY100-04	贸易方式	一般贸易	货物存放地点	SHANGHAI CY
合同号	CONTRACT2495	信用证号		用途	
发货日期	2022-11-15	输往国家(地区)	澳大利亚	许可证／审批号	
启运地	上海港	到达口岸	阿德莱德	生产单位注册号	
集装箱规格、数量及号码					

合同、信用证订立的检验检疫条款或特殊要求	标记及号码	随附单据（划"√"或补填）	
	CHINESE CERAMIC DINNERWARE 48-Piece Dinnerware and Tea Set UNITED KINGDOM C/NO 1-4500 MADE IN CHINA	☐ 合同 ☐ 信用证 ☑ 发票 ☑ 装箱单 ☐ 厂检单 ☐ 包装性能结果单	☐ 许可/审批文件 ☐ 报检委托书 ☐ 其他单据 ☐ ☐

需要证单名称（划"√"或补填）		＊检验检疫费	
☐ 品质证书　　　　0 正　　0 副 ☐ 重量证书　　　　0 正　　0 副 ☐ 数量证书　　　　0 正　　0 副 ☐ 兽医卫生证书　　0 正　　0 副 ☐ 健康证书　　　　0 正　　0 副 ☐ 卫生证书　　　　0 正　　0 副 ☐ 动物卫生证书　　0 正　　0 副	☐ 植物检疫证书　　　0 正　　0 副 ☐ 熏蒸/消毒证书　　　0 正　　0 副 ☐ 出境货物换证凭单 ☑ 通关单　　　　　　　　　　　 ☐	总金额 （人民币元） 计费人 收费人	0

申请人郑重声明： 1.本人被授权申请检验检疫。 2.上列填写内容正确属实，货物无伪造或冒用他人的厂名、标志、认证标志，并承担货物质量责任。 签名：黄梦	领 取 证 单 日　期 签　名

注：有"＊"号栏由海关填写

[打印预览] [保存] [退出]

图 6.11

(2) 再分别添加"商业发票"与"装箱单"进行填写，如图6.12和图6.13所示。

商业发票
COMMERCIAL INVOICE

ISSUER					
Easy Buy Trading Co.,Ltd					
Jingcheng Road 88 Xiaoshan,Hangzhou, Zhejiang Province, China					

TO
HM.Trading Co.,Ltd.
114 Old Pittwater Road,Sydney,Australia

TRANSPORT DETAILS
From Shanghai to Adelaide on Nov.18,2022 By Vessle

NO.	DATE
STINV000586	2022-11-18

S/C NO.	L/C NO.
CONTRACT2495	

TERMS OF PAYMENT
T/T

注意商业发票日期和发票号码，以后填制其他单据时需要用到

Choice	Marks and Numbers	Description of goods	Quantity	Unit Price	Amount
○	CHINESE CERAMIC DINNERWARE 48-Piece Dinnerware and Tea Set AUSTRALIA C/ NO 1-4500 MADE IN CHINA	CHINESE CERAMIC DINNERWARE 48-Piece Dinnerware and Tea Set 1SET/CARTON	1300SET	AUD287.28	AUD373464

[添加] [修改] [删除]

Total: [1300][SET]   [AUD][373464]

SAY TOTAL: SAY AUD THREE HUNDRED AND SEVENTY-THREE THOUSAND FOUR HUNDRED AND SIXTY-FOUR

(写备注处)

Easy Buy Trading Co.,Ltd (公司名称)
Meng Huang (法人签名)

[打印预览] [保存] [退出]

图 6.12

注意：

每一项信息的填写请参照上图，具体填写标准请单击蓝色下划线"商业发票"，需要学生仔细对照要求逐项填写。

ISSUER Easy Buy Trading Co.,Ltd Jingcheng Road 88 Xiaoshan,Hangzhou,Zhejiang Province,China			装箱单 PACKING LIST			
TO HM.Trading Co.,Ltd. 114 Old Pittwater Road,Sydney,Australia			INVOICE NO. STINV000586	DATE 2022-11-18		
Choice	Marks and Numbers	Description of goods	Package	G.W	N.W	Meas.
○	CHINESE CERAMIC DINNERWARE 48-Piece Dinnerware and Tea Set UNITED KINGDOM C/ NO 1-4500 MADE IN CHINA	CHINESE CERAMIC DINNERWARE 48-Piece Dinnerware and Tea Set 1SET/CARTON	1300CARTON	31200KGS	20800KGS	94.25CBM
		Total:	[1300 [CARTON	] [31200] [KGS	] [20800] [KGS	] [94.25] [CBM]
SAY TOTAL: SAY AUD THREE HUNDRED AND SEVENTY-THREE THOUSAND FOUR HUNDRED AND SIXTY-FOUR						
(写备注处)						
				Easy Buy Trading Co.,Ltd(公司名称) Meng Huang(法人签名)		

图 6.13

(3) 填写完成后分别单击"检查"按钮，确认通过。

(4) 单据填写重点说明。

① 出境货物报检单里的"申请单位登记号"请到公司基本资料中查找，如图 6.14 所示。

企业法人(中)：黄梦　　企业法人(英)：Meng Huang　　性别：○男 ●女
统一社会信用代码：913320100000004450

图 6.14

② "运输工具名称号码"即船名，请到订舱后给出的"配舱通知"中查找，如图 6.15 所示。

图 6.15

③ 发货人一般在货物装运前至少 10 天，填写出境货物报检单向当地商检机构申请报验，商检机构检验后出具相关证书。

出境货物报检单的其他填制要点有 HS 编码：按海关核发的商品编码填写；包装种类及数量：填写商品外包装的数量，散装货则填"IN BULK"；存货地点：报验时若需对检验商品取样，则应到其存货地点；随附单据：在相应方框内打√，需要卫生证时，要有卫生注册证及厂检合格单需换证凭单(出口货物不在出运口岸而在发运地商检)时，要有预验结果单；需要证单名称：在相应的证单上打√。

④ 装箱单中各项重量体积的计算请参考在线帮助中的"了解产品的基本特点"(前面章节预算时已经计算过)。

2. 出口报检

(1) 回到"业务中心"界面，单击"海关(检验检疫)"按钮。

(2) 再单击"申请报检"按钮，选择单据"销售合同""商业发票""装箱单""出境货物检验检疫申请"后，单击"报检"按钮，如图 6.16 和图 6.17 所示。

第 6 章
汇付结算方式下的合同履行(T/T＋FOB)

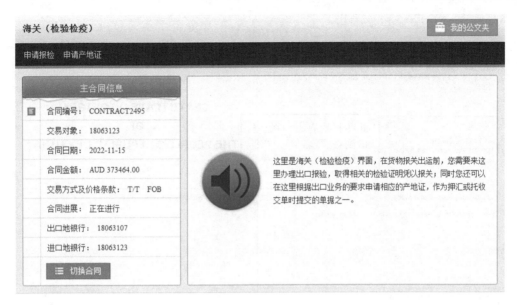

图 6.16

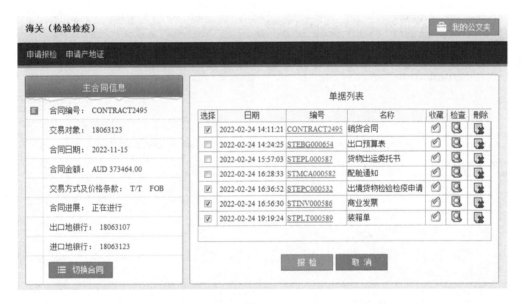

图 6.17

(3) 报检完成。

6.1.4 出口商申请产地证

在实务中，一般原产地证的签发机构可以是海关(检验检疫)，也可以是贸易促进委员会；普惠制产地证只能由海关(检验检疫)签发。

在 SimTrade 中，产地证均在海关(检验检疫)申请。

(1) 出口商打开"业务中心"的"进口商"，点击"添加单据"，添加"原产地证明书"并填写，如图 6.18 所示。

ORIGINAL

1.Exporter Easy Buy Trading Co.,Ltd Jingcheng Road 88 Xiaoshan,Hangzhou, Zhejiang Province, China CHINA	Certificate No. STCOC000572
2.Consignee HM.Trading Co.,Ltd. 114 Old Pittwater Road,Sydney,Au Australia	**CERTIFICATE OF ORIGIN** **OF** **THE PEOPLE'S REPUBLIC OF CHINA**
3.Means of transport and route From Shanghai to Adelaide on Nov.18,2022 By Vessle	5.For certifying authority use only
4.Country / region of destination Australia	

此两栏均有出口商(进口商)公司名称、详细地址和国家三项组成。

Choice	6.Marks and numbers	7.Number and kind of packages; description of goods	8.H.S.Code	9.Quantity	10.Number and date of invoices
◉	CHINESE CERAMIC DINNERWARE 48-Piece Dinnerware and Tea Set AUSTRALIA C/ NO 1-4500 MADE IN CHINA	CHINESE CERAMIC DINNERWARE 48-Piece Dinnerware and Tea Set 1SET/CARTON 1300 CARTONS	6911101900	1300SET	STINV000586 2022-11-18

[添 加] [修 改] [删 除]

SAY TOTAL: SAY AUD THREE HUNDRED AND SEVENTY-THREE THOUSAND FOUR HUNDRED AND SIXTY-FOUR

(写备注处)

11.Declaration by the exporter 　The undersigned hereby declares that the above details and statements are correct, that all the goods were produced in China and that they comply with the Rules of Origin of the People's Republic of China.	12.Certification 　It is hereby certified that the declaration by the exporter is correct.
Place and date, signature and stamp of authorized signatory	**Place and date, signature and stamp of certifying authority**

[打印预览] [保存] [退出]

图 6.18

注意：

每一项信息的填写请参照上图，具体填写标准请单击蓝色下划线"ORIGINAL"，需要学生仔细对照要求逐项填写。

(2) 填写完成后单击"检查"按钮，确认通过。

(3) 回到"业务中心"，单击"海关检验检疫"按钮。

(4) 再单击"申请产地证"按钮，选择产地证类型为"原产地证明书"，单击"确定"按钮，完成产地证的申请，如图 6.19 所示。

图 6.19

(5) 产地证填写注意事项。

① C.O.(CERTIFICATE OF ORIGIN)是用以证明有关出口货物和制造地的一种证明文件，在特定情况下进口国据此对进口货物给予不同的关税待遇。在国际贸易中，世界各国根据各自的对外贸易政策，普遍实行进口贸易管制，对进口商品实施差别关税和数量限制，并由海关执行统计。

② 根据签发者不同，原产地证书一般可分为以下三类：①商检机构出具的原产地证书，如：中华人民共和国检验检疫局(CIQ)出具的普惠制产地证格式 A(GSP FORM A)；一般原产地证书(CERTIFICATE OF ORIGIN)(本例即此种)。②商会出具的产地证书，如：中国国际贸易促进委员会(CCPIT)出具的一般原产地证书，简称贸促会产地证书(CCPIT CEERTIFICATE OF ORIGIN)。③制造商或出口商出具的产地证书。

③ C.O.申请书可用中文(或英语)手写(或打印)。缮制 C.O.证书一般使用英文。

④ 产地证具体填写要点。

第一栏(Exporter)：出口商品名称、地址、国别，此栏出口商名称必须经检验检疫局登记注册，其名称、地址必须与注册档案一致。实际操作中必须填明在中国境内的出口商详细地址、国名(CHINA)。

第二栏(Consignee)：收货人的名称、地址和国别一般应填写最终收货人名称，即提单通知人或信用证上(参见第 8 章)特别声明的受货人，如最终收货人不明确或为中间商时可填"TO ORDER"字样，这里填进口商的名称与地址。

第三栏(Means of transport and route)：运输方式和路线，填明装货港、目的港名称及运输方式(海运、空运或陆运)。经转运的，应注明转运地。

第四栏：(Country/region of destination)目的地，指货物最终运抵港或国家、地区，一般应与最终收货人(第二栏)一致。

第五栏(For certifying authority use only)：签证机构专用栏，此栏留空。签证机构在签发后发证书、补发证书或加注其他声明的使用。

第六栏(Marks and numbers)：唛头及包装号，此栏应照实填具完整的图案、文字标记及包装号。如唛头多，本栏填不下，可填在第七、八、九栏的空白处，如还不够，可以附页填写。如图案文字无法缮制，可附复印件，但须加盖签证机构印章。如无唛头，应填 N/M 字样。此样不得出现"中国香港、中国台湾或其他国家和地区制造"等的字样。

第七栏(Number and kind of packages；description of goods)：商品名称、包装数量及种类，此栏应填明商品总称和具体名称，在商品名称后须加上大写的英文数字并用括号加上阿拉伯数字及包装种类或度量单位。

第八栏(H.S Code)：商品编码，此栏要求填写四位数的 H.S.税目号，若同一证书含有多种商品，应将相应的税目号全部填写。

第九栏(Quantity)：数量和重量，此栏应填写商品的计量单位。

第十栏(Number)：COMMERCIAL INVOICE 号与日期，此栏不得留空。月份一律用英文缩写。该栏日期应早于或同于 11 和 12 栏的申报和签发日期。

第十一栏(Declaration by the exporter)：出口商声明，该栏由申领单位已在签证机构注册的人员签字并加盖企业中英文印章，同时填定申领地点和日期，该栏日期不得早于 COMMERCIAL INVOICE 日期(第十栏)。系统中此栏不填，但是需要参考实际样本以掌握实际操作。

第十二栏(Certification)：签证机构注明，申请单位在此栏填写签证日期和地点，然后由签证机构已授权的签证人签名、盖章。

签发日期不得早于发票日期(第十栏)和申请日期(第十一栏)。

注意：由于本交易在模拟系统中进行，所以第十一栏(Declaration by the exporter)、第十二栏(Certification)学生不必填写。

6.1.5 出口报关

1. 送货到海关指定地点

进入"业务中心"的"海关"，点击"送货"按钮，将货物送到海关指定地点。

2. 出口报关

现实中进出口货物的通关，可分为四个基本环节，即：申报→查验→征税→放行。

海关对进出口货物的报关，经过审核报关单据，查验实际货物，并依法办理了征收税费手续或减免税手续后，在有关单据上签盖放行章，货物的所有人或其代理人才能提取或装运货物。

(1) 添加"出口货物报关单"并进行填写，如图 6.20 所示。

第6章 汇付结算方式下的合同履行(T/T+FOB)

出口货物报关单

预录入编号：　　　　海关编号：

境内发货人	出境关别	出口日期	申报日期	备案号
易购进出口贸易公司 91332010000000450	Shanghai Port	2022-11-18	2022-11-18	
境外收货人	运输方式	运输工具名称及航次号	提运单号	
HM.Trading Co.,Ltd.	江海运输	Amsterdam/DY100-04		
生产销售单位	监管方式	征免性质	许可证号	
易购进出口贸易公司 91332010000000450	一般贸易	一般征税		
合同协议号	贸易国(地区)	运抵国(地区)	指运港	离境口岸
CONTRACT2495	澳大利亚	澳大利亚	阿德莱德	上海港
包装种类	件数	毛重(千克)	净重(千克)	成交方式	运费	保费	杂费
CARTON	1300	31200	20800	FOB	[1/[0]	[1/[0]	[1/[0]
随附单据及编码							

标记唛码及备注：CHINESE CERAMIC DINNERWARE 48-Piece Dinnerware and Tea Set AUSTRALIA

项号	商品编号	商品名称及规格型号	数量及单位	最终目的国(地区)	单价	总价	币制	原产国(地区)	境内货源地	征免
1	6911101900	CHINESE CERAMIC DINNERWARE 48-Piece 1SET:CARTON	1300CARTON	澳大利亚	287.28	373464	AUD	中国	上海港	一般征税

报关人员	黄梦	报关人员证号		电话		兹声明对以上内容承担如实申报，依法纳税之法律责任	[添加][修改][删除]
申报单位	易购进出口贸易公司 91332010000000450					申报单位(签章)	海关批注及签章

图 6.20

注意：

每一项信息的填写请参照上图，具体填写标准请单击蓝色下划线"中华人民共和国海关出口货物报关单"，需要学生仔细对照要求逐项填写。

(2) 填写完成后单击"检查"按钮，确认通过。

(3) 到海关，点击"报关"按钮，选择单据"商业发票""装箱单""出口货物报关单"，单击"报关"按钮，如图 6.21 所示。

图 6.21

(4) 完成报关的同时，系统设定货物自动装船出运。

注意事项：

1. 具体填写请参考中华人民共和国海关《进出口货物报关单填制规范》。
2. 系统中因为是模拟操作，有些项目可以不填，只要检查通过即可。
3. 进出口货物，除海关总署特准免验的之外，都应接受海关查验。海关查验货物，一般应在海关规定的时间和监管场所进行，如有理由要求海关在监管场之外查验，应事先报经海关同意。
4. 报关可以委托专门的报关行或者报关公司进行。报关行(Customs Broker)是指经海关准予注册登记，接受进出口货物收发货人的委托，以进出口货物收发货人名义或者以自己的名义，向海关办理代理报关业务，从事报关服务的境内企业法人。

6.1.6 装船出运

报关后，系统自动装船。出口商下一步应立即到船公司领取提单并向进口商发送装船通知(Shipping Advice)，这里需要注意发送装船通知的重要性，是 FOB 中出口商必须履行的义务。

(1) 在"业务中心"单击"船公司"按钮，单击"取回提单"按钮，如图 6.22 所示。回到"业务中心"的"查看单据列表"，查看"海运提单"，如图 6.23 所示。

第6章 汇付结算方式下的合同履行(T/T+FOB)

图 6.22

1. Shipper Insert Name, Address and Phone EASY BUY TRADING CO., LTD JINGCHENG ROAD 88 XIAOSHAN,HANGZHOU,ZHEJIANG PROVINCE,CHINA		B/L No. STBLN000589	
2. Consignee Insert Name, Address and Phone To order		中远集装箱运输有限公司 COSCO CONTAINER LINES TLX: 33057 COSCO CN FAX: +86(021) 6545 8984	
3. Notify Party Insert Name, Address and Phone (It is agreed that no responsibility shall attach to the Carrier or his agents for failure to notify)		**ORIGINAL** Port-to-Port or Combined Transport **BILL OF LADING** RECEIVED in external apparent good order and condition except as other-Wise noted. The total number of packages or unites stuffed in the container,The description of the goods and the weights shown in this Bill of Lading are Furnished by the Merchants, and which the carrier has no reasonable means Of checking and is not a part of this Bill of Lading contract. The carrier has Issued the number of Bills of Lading stated below, all of this tenor and date, One of the original Bills of Lading must be surrendered and endorsed or sig-Ned against the delivery of the shipment and whereupon any other original Bills of Lading shall be void. The Merchants agree to be bound by the terms And conditions of this Bill of Lading as if each had personally signed this Bill of Lading. SEE clause 4 on the back of this Bill of Lading (Terms continued on the back Hereof, please read carefully). *Applicable Only When Document Used as a Combined Transport Bill of Lading.	
4. Combined Transport * Pre - carriage by	5. Combined Transport* Place of Receipt		
6. Ocean Vessel Voy. No. Amsterdam DY100-04	7. Port of Loading SHANGHAI		
8. Port of Discharge ADELAIDE	9. Combined Transport * Place of Delivery		
Marks & Nos. Container / Seal No.	No. of Containers or Packages	Description of Goods (If Dangerous Goods, See Clause 20)	Gross Weight Kgs	Measurement
CHINESE CERAMIC DINNERWARE 48-Piece Dinnerware and Tea Set AUSTRALIA C/NO 1-4500 MADE IN CHINA	1300 CARTON	CHINESE CERAMIC DINNERWARE 48-Piece Dinnerware and Tea Set 1SET/CARTON FREIGHT COLLECT	31200.000 KGS	94.2500 CBM
		Description of Contents for Shipper's Use Only (Not part of This B/L Contract)		
10. Total Number of containers and/or packages (in words) Subject to Clause 7 Limitation		SAY ONE THOUSAND THREE HUNDRED CARTONS ONLY		
11. Freight & Charges Declared Value Charge	Revenue Tons	Rate	Per	Prepaid	Collect
Ex. Rate:	Prepaid at	Payable at	Place and date of issue SHANGHAI 2022-02-25	
	Total Prepaid	No. of Original B(s)/L THREE	Signed for the Carrier, COSCO CONTAINER LINES	

图 6.23

(2) 添加并填写"SHIPPING ADVICE",如图 6.24 所示。

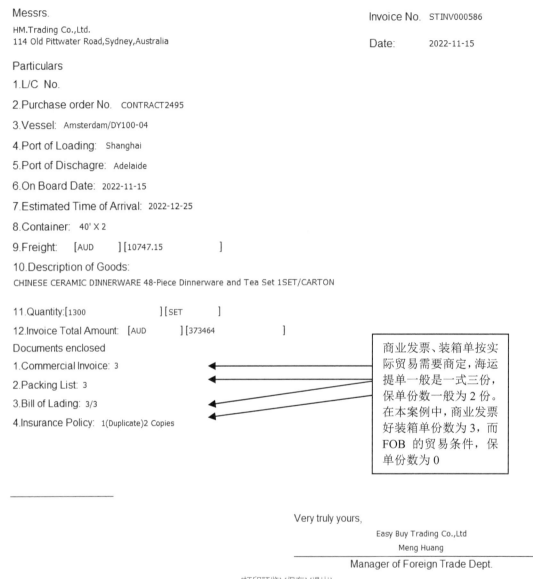

图 6.24

 **特别提示**

SHIPPING ADVICE 中,Documents enclosed 项下填写的单据份数特别要注意,不能简单填 1 份。

由于在 FOB 贸易条件下,保险有进口商负责,所以在"Insurance Policy"栏中填"0"。每一项信息的填写请参照上图,具体填写标准请单击蓝色下划线"ORIGINAL",需要学生仔细对照要求逐项填写。

注意：每一项信息的填写请参照上图，具体填写标准请单击蓝色下划线"SHOPPING ADVICE"，需要学生仔细对照要求填写表单。

单据份数参考合同规定。

装船通知的日期不能晚于提单日期。

(3) 回到"船公司"页面，单击"发送装船通知"按钮给进口商。

6.1.7 将相关单据送进口商

在查看单据列表选择"商业发票""装箱单""海运提单""配舱通知""原产地证书"后，单击"单据送进口商"按钮，至此，出口商的工作告一段落，接下来是等待进口商付款。

6.1.8 出口商到银行办理结汇(进口商先付款)

(1) 出口商登录后，会看到一封邮件，是银行发来的结汇通知，如图6.25所示。

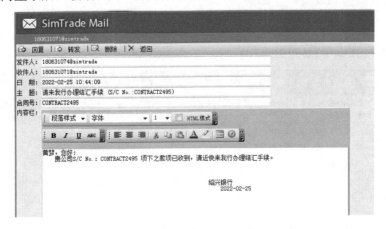

图 6.25

(2) 出口商进入"业务中心"页面，单击"出口地银行"按钮，出现如图6.26所示界面。

图 6.26

(3) 单击"结汇"按钮即可，至此出口商已成功收到货款，如图6.27。

图 6.27

6.1.9　出口商办理国际收支网上申报

进入"外汇管理局"，登录后，点击"国际收支网上申报系统(企业版)"，点进"申报号码"，填写表格完成申报(如图6.28)。

图 6.28

注意：具体填写标准请单击表格中的蓝色下划线，需要学生仔细对照要求填写表单。

6.1.10　出口商到国税局办理出口退税

(1) 从业务中心进入"国税局"，如图6.29所示。

图 6.29

(2) 单击"退税"按钮,选中所需要的单据(出口货物报关单、商业发票),单击"退税"按钮即可,如图 6.30。

图 6.30

至此,出口商在这笔交易中的事务已全部完成。

特别提示

出口商在填写单据时,要分清楚序号、商品编号和海关编码三个概念。这三个名词在填写单据时经常要用到,故要引起重视。另外,在缮制商业发票时,不要漏填 Unite Price 栏中的贸易术语。单据填写中,系统一般不能检查出具体的数据和文字错误,需要学生根据所学实务知识进行自我检查。

6.2 进口商履约步骤

6.2.1 指定船公司

FOB 术语中由进口商租船订舱,实务中一般由进口商指定船公司或者货代,然后由出口商代为订舱(参见上节相关内容)。

登录"进口商"界面,在"业务中心"单击"船公司"按钮,单击"指定船公司"按钮,如图 6.31 所示。

图 6.31

单击"确定"按钮，成功指定船公司。

6.2.2 进口商查看装船通知

进口商登录后，会看到一封邮件，是银行发来的装船通知，如图6.32所示。

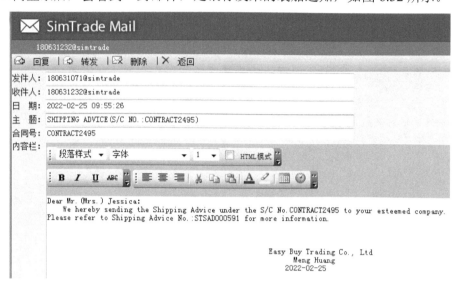

图 6.32

6.2.3 办理保险

FOB术语中保险也是由进口商办理的，这里要注意上节出口商发出"装船通知"的重要意义。

1. 准备相关单据

(1) 添加"货物运输保险投保单"并填写，如图6.33所示。

填写投保单时注意：

① 保险金额应用合同报价币种，保险金额=CIF货价×(1+保险加成率)=CIF货价×1.1，具体计算参见交易磋商一章的进口预算环节。

② 投保条款和险别：因为这里进口商是外商，所以选择险别时要选择ICC保险条款(复习教材中的保险条款)。

③ 如果是出口商投保，其中发票号码、船名航次、开航日期等信息在"配舱通知"中查找。此例中是FOB术语，为进口商投保，则在出口商发来的"Shipping Advice"中查找。

第6章 汇付结算方式下的合同履行(T/T＋FOB)

货物运输保险投保单

投保人：HM.Trading Co.,Ltd.　　　　投保日期：2022-11-15

发票号码	STINV000586
被保险人	客户抬头 HM.Trading Co.,Ltd. 过户
保险金额	[AUD][426763.3340738347]
启运港	SHANGHAI
目的港	ADELAIDE
转内陆	
开航日期	2022-11-15
船名航次	Amsterdam/DY100-04
赔款地点	ADELAIDE
赔付币别	AUD
保单份数	2
其它特别条款	

投保条款和险别：
- ( ) PICC CLAUSE
- (√) ICC CLAUSE
- ( ) ALL RISKS
- ( ) W.P.A./W.A.
- ( ) F.P.A
- (√) WAR RISKS
- ( ) S.R.C.C
- ( ) STRIKE
- (√) ICC CLAUSE A
- ( ) ICC CLAUSE B
- ( ) ICC CLAUSE C
- ( ) AIR TPT ALL RISKS
- ( ) AIR TPT RISKS
- ( ) O/L TPT ALL RISKS
- ( ) O/L TPT RISKS
- ( ) TRANSHIPMENT RISKS
- ( ) W TO W
- ( ) T.P.N.D.
- ( ) F.R.E.C.
- ( ) R.F.W.D.
- ( ) RISKS OF BREAKAGE
- ( ) I.O.P.

注意：由外方投保的只能选择 ICC 条款。要熟悉 PICC 与 ICC 不同的保险险别。

保单份数一般为 2 份，由于模拟系统无法检查出填写具体数字的对错而均被通过，所以进口商须注意填写保单份数。

以下由保险公司填写

保单号码		签单日期	

图 6.33

注意：每一项信息的具体填写标准请单击蓝色下划线"货物运输保险投保单"，需要学生仔细对照要求填写表单。

(2) 填写完成后单击"检查"按钮，确认通过，如图 6.34 所示。

图 6.34

2. 办理保险

(1)回到"业务中心"→"保险公司"→"办理保险"界面,选择"货物运输保险投保单"→"办理保险"按钮(图 6.35)。

图 6.35

(2)办理完成后,保险公司自动签发"货物运输保险单"。保单如图 6.36 所示:

```
                        中国人民保险公司
PICC              The People's Insurance Company of China
                  总公司设于北京         一九四九年创立
                  Head Office Beijing    Established in 1949

货物运输保险单
CARGO TRANSPORTATION INSURANCE POLICY

发票号(INVOICE NO.)  STINV000586
合同号(CONTRACT NO.)  CONTRACT2495           保单号次
信用证号(L/C NO.)                            POLICY NO.  STINP000597
被保险人
Insured: HM.trading Co.,Ltd.

中国人民保险公司(以下简称本公司)根据被保险人的要求,由被保险人向本公司缴付约定的保险费,按照本保险单承保险别和背面所载条款与下列
特款承保下述货物运输保险,特立本保险单。
THIS POLICY OF INSURANCE WITNESSES THAT THE PEOPLE'S INSURANCE COMPANY OF CHINA (HEREINAFTER CALLED "THE COMPANY")
AT THE REQUEST OF THE INSURED AND IN CONSIDERATION OF THE AGREED PREMIUM PAID TO THE COMPANY BY THE INSURED,UNDERTAKES
TO INSURE THE UNDERMENTIONED GOODS IN TRANSPORTATION SUBJECT TO THE CONDITIONS OF THIS OF THIS POLICY AS PER THE CLAUSES
PRINTED OVERLEAF AND OTHER SPECIL CLAUSES ATTACHED HEREON.
```

标记 MARKS&NOS	包装及数量 QUANTITY	保险货物项目 DESCRIPTION OF GOODS	保险金额 AMOUNT INSURED
CHINESE CERAMIC DINNERWARE 48-Piece Dinnerware and Tea Set AUSTRALIA C/NO 1-4500 MADE IN CHINA	1300CARTON	CHINESE CERAMIC DINNERWARE 48-Piece Dinnerware and Tea Set 1SET/CARTON	AUD 426764

```
总保险金额        AUD FOUR HUNDRED AND TWENTY-SIX THOUSAND SEVEN HUNDRED AND SIXTY-FOUR ONLY
TOTAL AMOUNT INSURED:

保费                          启运日期                          装载运输工具
PERMIUM:  AS ARRANGED        DATE OF COMMENCEMENT:  As Per B/L   PER CONVEYANCE:  Amsterdam DY100-04
自                            经                              至
FROM:  SHANGHAI              VIA:                            TO:  ADELAIDE

承保险别
CONDITIONS:
WAR RISKS ; ICC CLAUSE A;

所保货物,如发生保险单项下可能引起索赔的损失或损坏,应立即通知本公司下述代理人查勘。如有索赔,应向本公司提交保单正本(本保险单共有
份正本)及有关文件。如一份正本已用于索赔,其余正本自动失效。                                               2
IN THE EVENT OF LOSS OR DAMAGE WITCH MAY RESULT IN A CLAIM UNDER THIS POLICY, IMMEDIATE NOTICE MUST BE GIVEN TO THE
COMPANY'S AGENT AS MENTIONED HEREUNDER. CLAIMS,IF ANY,ONE OF THE ORIGINAL POLICY WHICH HAS BEEN ISSUED IN    2    ORIGINAL(S)
TOGETHER WITH THE RELEVENT DOCUMENTS SHALL BE SURRENDERED TO THE COMPANY . IF ONE OF THE ORIGINAL POLICY HAS BEEN
ACCOMPLISHED. THE OTHERS TO BE VOID.
                                                            中国人民保险公司
                                                            The People's Insurance Company of China

赔款偿付地点      ADELAIDE
CLAIM PAYABLE AT
出单日期          2022-02-25
ISSUING DATE                                                Authorized Signature

地址(ADD):中国北京                                           电话(TEL):(010) 88888888
邮编(POST CODE):101100                                       传真(FAX):(010) 88888887
```

图 6.36

6.2.3 付款

进口商的付款行为可以在收到货物之前(预付),也可以在收到货物之后,本例是假设进口商收到货物之后。

回到"业务中心"→"进口地银行"界面,单击"付款"按钮,如图 6.37 所示。

图 6.37

需要注意的是：在 SimTrade 中，T/T 方式下，仍需到银行选择"付款"业务支付款项，而不能使用"汇款"，汇款业务仅仅用于各用户之间的资金借贷往来，与合同流程无关。

系统设置了随机意外发生频率，所以有一定的概率货物在运输过程中会发生意外(此处教师可以调整频率)。货物发生意外以后该如何处理？货物在运输过程中遇到意外造成损失时不能换提单提货，这时，如果已经投保，进口商就应凭保险单到保险公司办理索赔；索赔完成后，不需要再进口报检和报关，只要于付款后到外管局办理外汇监测系统网上申报，即可完成合同。

6.2.4 到船公司提货

进口商拿到提单后，到"业务中心"选择"船公司"，单击"换提货单"按钮，如图 6.38 所示。

图 6.38

 **特别提示**

如果系统通知你,货物发生意外损失,怎么办?此时可以凭保险单到保险公司要求赔偿,下面的报检/报关步骤免掉,但是还要网上申报,申报后业务就结束了。

6.2.5 进口报检

(1) 进入"淘金网"的"税率查询"页,输入商品的海关编码(商品资料中)进行查询,查到相对应的监管条件后,单击代码符号,各代码的意义均有详细说明,如图6.39所示。

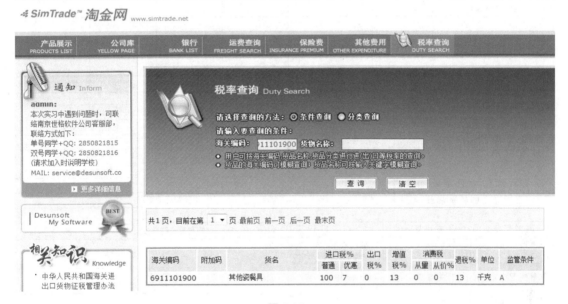

图 6.39

本例中合同交易商品12001项海关代码6911101900为必须取得入境通关单。

(2) 添加"入境货物检验检疫申请"并填写,如图6.40所示。

填写完成后单击"检查"按钮,确认通过。

"入境货物报检单"填写注意事项:

① 单据中的"报检单位登记号"到公司基本资料中查找。

② "运输工具名称号码"即船名,请到出口商发来的"Shipping Advice"中查找。

出入境检验检疫

入境货物检验检疫申请

申请单位（加盖公章）：HM.trading Co.,Ltd.　　　　　　　　　＊编　号　STIPC000532

申请单位登记号：913320100000000　联系人：Jessica　电话：0044-20-12345（　申请日期：2022 年 11 月 15 日

收货人	（中文）		企业性质(划"√")	□ 合资　□ 合作　□ 外资
	（外文）	HM.trading Co.,Ltd.		
发货人	（中文）	易购进出口贸易公司		
	（外文）	Easy Buy Trading Co.,Ltd		

选择	货物名称(中/外文)	H.S.编码	原产国(地区)	数/重量	货物总值	包装种类及数量
○	48头餐茶具/CHINESE CERAMIC DINNERWARE 48-Piece Dinnerware and Tea Set	6911101900	中国	1300SET	AUD373464	1300CARTON

[添加]　[修改]　[删除]

运输工具名称号码	Amsterdam/DY100-04			合　同　号	CONTRACT2495
贸易方式	1	贸易国别(地区)	中国	提单/运单号	STBLN000589
到货日期	2022-11-15	启运国家(地区)	中国	许可证/审批号	
卸毕日期	2022-11-15	启运口岸	上海港	入境口岸	阿德莱德
索赔有效期至	2022-12-01	经停口岸		目　的　地	澳大利亚
集装箱规格、数量及号码					
合同订立的特殊条款以及其他要求				货物存放地点	
				用　　途	

随附单据（划"√"或补填）		标记及号码	＊外商投资财产(划"√")	□ 是　□ 否
☑合同　　　□到货通知		CHINESE CERAMIC DINNERWARE 48-Piece Dinnerware and Tea Set AUSTRALIA C/ NO 1-4500 MADE IN CHINA	＊检验检疫费	
☑发票　　　☑装箱单			总金额（人民币元）	0
☑提/运单　　□质保书				
□兽医卫生证书　□理货清单			计费人	
□植物检疫证书　□磅码单				
□动物检疫证书　□验收报告			收费人	
□卫生证书　　□无木质包装证明				
□原产地证　　□报检委托书			领　取　证　单	
□许可/审批文件　□合格保证			日期	

申请人郑重声明：
1.本人被授权申请检验检疫。
2.上列填写内容正确属实。

签名　Jessica

签名

注："＊"号栏由海关填写

图 6.40

③ 提单号请到提货单里查找。

④ 提单/提货单应在"提货单"里面查找。

⑤ 这样填写并不代表日本是如此操作,这是模拟我国进口操作。

注意：每一项信息的填写请参照上图,具体填写标准请单击蓝色下划线"入境货物报检单",需要学生仔细对照要求填写表单。

(3) 进口报检的相关操作。

① 回到"业务中心"→"检验机构"→"申请报检"。

② 选择单据"销货合同""商业发票""装箱单""提货单""入境货物检验检疫申请",单击"报检"按钮,如图6.41所示。

图 6.41

报检成功。

6.2.6 进口报关、缴税与提货

(1) 添加"进口货物报关单"并填写(填写内容大部分与上述单据相同,费用等查前章的计算),如图6.42所示。

进口货物报关单

预录入编号：　　　　　　海关编号：

境内收货人	进境关别		进口日期		申报日期		备案号	
HM.Trading Co.,Ltd. 91332010000000005170	阿德莱德		2022-12-25		2022-12-25			
境外发货人	运输方式		运输工具名称及航次号		提运单号		货物存放地点	
Easy Buy Trading Co.,Ltd	江海运输		Amsterdam/DY100-04		ISTBLN000589			
消费使用单位	监管方式		征免性质		许可证号		启运港	
HM.Trading Co.,Ltd. 91332010000000005170	一般贸易		一般征税				上海港	
合同协议号	贸易国(地区)		启运国(地区)		经停港		入境口岸	
CONTRACT2495	中国		中国		上海港		阿德莱德	
包装种类	件数	毛重(千克)	净重(千克)		成交方式	运费	保费	杂费
CARTON	1300	31200	20800		FOB	[AUD] [10747.15	] [AUD] [3755.52	] [ ] 0]
随附单据及编码								

标记唛码及备注

进销	项号	商品编号	商品名称及规格型号	数量及单位	单价	总价	币制	原产国(地区)	最终目的国(地区)	境内目的地	征免
○	1	6911101900	48头餐具 1SET/CARTON	1300SET	287.28	373464	USD	中国	澳大利亚	阿德莱德	照章征税

报关人员	报关人员证号	电话	兹申明以上内容正确并对申报、依法纳税之法律责任	海关批注及签章
Jessica				
申报单位			申报单位(签章)	
HM.Trading Co.,Ltd. 91332010000000005170				

[打印预览] [保存] [退出]   [添加] [修改] [删除]

图 6.42

注意：每一项信息的填写请参照上图，具体填写标准请单击蓝色下划线"进口货物报关单"，需要学生仔细对照要求填写表单。

填写完成后单击"保存"按钮，确认通过，如图 6.43 所示。

项次序号：	1		
产品编号：	12001		
商品编号（H.S.编码）：	6911101900		
商品名称：	48头餐茶具		
商品规格：	1SET/CARTON		
数　　量：	1300	计量单位：	SET
原产国(地区)：	中国	最终目的国(地区)：	澳大利亚
境内目的地：	阿德莱德	征　　免：	照章征税
币　　制：	USD	单　　价：	287.28
		总 金 额：	373464

[保存] [退出]

图 6.43

(2) 报关缴税的相关操作。

① 单击"业务中心"→"海关"→"报关"按钮。

选择"销货合同""商业发票""装箱单""提货单""入境货物检验检疫申请(不需要进口检验的商品可免附)""进口货物报关单"前的复选框，单击"报关"按钮，如图 6.44 所示。

图 6.44

② 完成报关后，海关返还"提货单"和"进口报关单"。
③ 单击"海关"中的"缴税"按钮，缴纳税款，如图 6.45 所示。

图 6.45

④ 再单击"提货"按钮，领取货物，如图 6.46 所示。

图 6.46

⑤ 回到主页面查看"库存"，如图 6.47 所示。

图 6.47

6.2.7 办理外汇监测系统网上申报

(1)进口商点击"业务中心"中的"外汇管理局",点击登陆,选择"货物贸易外汇检测系统"(企业版),如图6.48。

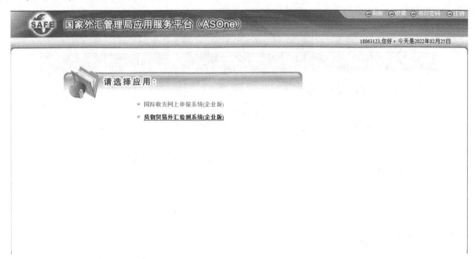

图 6.48

(2)点击右下角"新增",填写"付汇数据基本信息"后提交,办理外汇监测系统网上申报,如图6.49。

图 6.49

6.2.8 到市场销货

(1) 单击"业务中心"里的"市场"按钮。

(2) 再单击"销货"按钮，选择编号为 12001 的产品，单击"确定"按钮即可销售货物，如图 6.50 和图 6.51 所示。

图 6.50

图 6.51

回到查看单据列表，切换主合同，显示合同"Contract2495"已经完成，"目前状况"表示合同的进程，如图 6.52 所示。

至此，进口商的工作完成，一笔合同也正式结束。

在合同完成后，可在单据列表中查看"进口预算表"，检查自己的计算和系统计算是否相同，如图 6.53 所示。

第6章

汇付结算方式下的合同履行(T/T＋FOB)

图 6.52

进口预算表

合同号：CONTRACT2495
预算表编号：STIBG000609
（注：本预算表填入的位数全部为本位币）

项目	预算金额	实际发生金额
合同金额	373464.00	373464.00
CIF总价	387966.67	387966.66
内陆运费	1353.81	1353.81
报检费	47.88	47.88
报关费	47.88	47.88
关税	27157.67	27157.67
增值税	53966.16	53966.16
消费税	0.00	0.00
海运费	10747.15	10747.15
保险费	3755.52	3755.52
银行费用	239.40	239.40
其他费用	18673.20	18673.20

[打印] [保存] [退出]

图 6.53

在完成一笔合同以后，可以回到主页面查看自己的成长状况，如图 6.54 所示。单击"我的文件夹"按钮，会出现具体的数据，如图 6.55 所示。

图 6.54

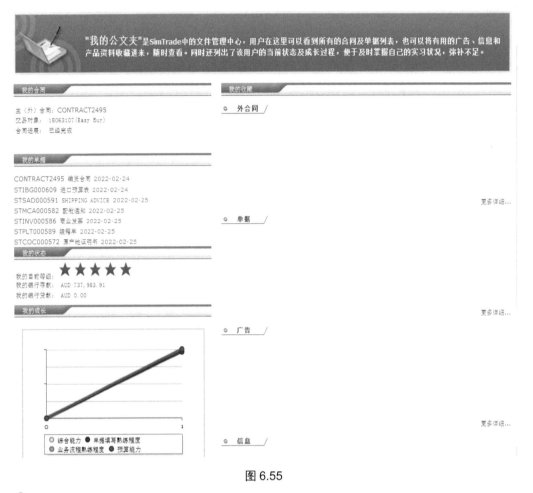

图 6.55

采取不同的贸易术语和结算方式时,要注意成交的价格也不一样,进口商的责任和费用也会发生改变,在本案例中,进口商负责保险和租船订舱,故必须知道船名和航次。

6.3 银行操作步骤

Simtrade 的银行模拟相对简单。进出口商应及时与扮演进出口银行的同学联系,关注模拟操作进度,以免耽误时间。

6.3.1 进口地银行

(1) 进口商通知进口地银行需要付款,以进口地银行身份登录"进口地银行",查看进口商付款邮件提醒,如图 6.56 所示。

第6章 汇付结算方式下的合同履行（T/T＋FOB）

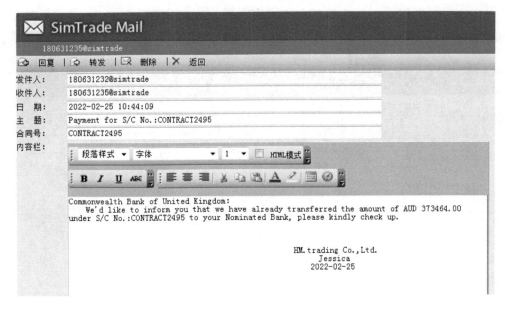

图 6.56

(2) 回到主页面选择"财务"按钮，查看收支，如图 6.57 所示。至此进口地银行工作就完成了。

图 6.57

6.3.2 出口地银行

登录"出口地银行"，单击主界面"财务"按钮，查看财务资料中银行的收入支出情况，如图 6.58 所示。

图 6.58

出口地银行的工作完成。至此,一笔 T/T+FOB 的交易就完成了。

本 章 作 业

1. 继续上一章的作业,完成一笔 T/T + FOB 交易。
2. 进出口商选择新的交易商品,从头到尾完成一笔 T/T + CFR 交易,体会与范例的区别。
3. 进出口商选择新的交易商品,从头到尾完成一笔 T/T + CIF 交易,体会与范例的区别。

第 7 章 托收结算方式下的合同履行

本章要点

本章模拟托收结算方式(D/P 即期)下，使用 CFR 贸易术语的合同的履行。其中很多流程和前面相同或类似。按照第二篇的方法选择交易商品、建立客户关系，按照第三篇的方法进行交易磋商、订立进出口合同和内销合同。根据进出口商签订的另一笔交易的相关信息，之后是合同的履约阶段。与第 6 章相似的步骤，本章只进行简单描述。

本章预备知识

1. D/P 即期(图 7.1)

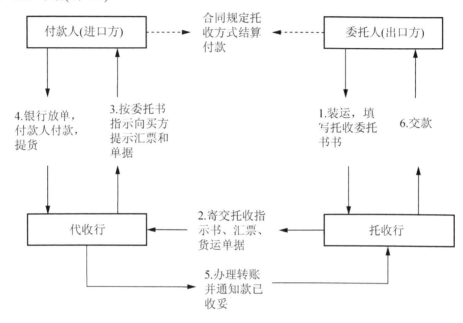

图 7.1

2. CFR 下买卖双方的主要义务

CFR 下买卖双方的主要义务见表 7-1。

表 7-1

卖方的主要义务	买方的主要义务
(1) 付款	(1) 交货，及时发装船通知
(2) 办理进口清关手续	(2) 办理出口清关手续
(3) 无	(3) 办理租船订舱
(4) 办理保险	(4) 无
(5) 接受单据	(5) 交单
(6) 承担货物装上船后的一切损失和风险	(6) 承担货物装上船为止的一切损失和风险
价格构成＝FOB＋运费	

3. D/P＋CFR 履约流程(图 7.2)

第 7 章
托收结算方式下的合同履行

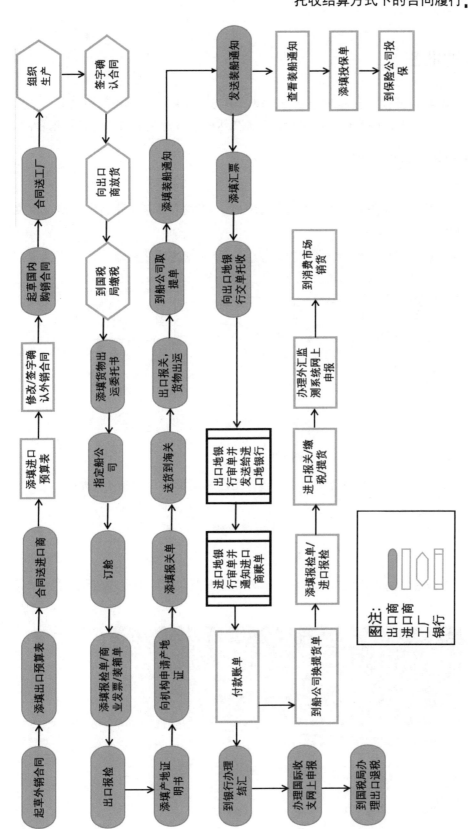

图 7.2

7.1 履约前的准备

参照前几章的模拟，此次交易品种为女士开襟羊毛衫，工厂确定报价给出口商，工厂与出口商签订买卖合同，出口商给进口商报价，两者在达成一致意见的时候签订购销合同。

7.1.1 工厂根据计算公式算出报价

各项计算如下。

(1) 在工厂主界面的"淘金网"的"产品展示"中，查找商品基本资料，找出每单位成本为 156 元，如图 7.3 所示。

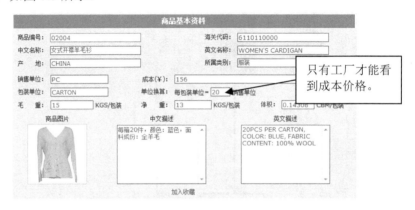

图 7.3

(2) 工厂在"淘金网"的"其他费用"中，查找工厂所需费用，如图 7.4 所示。

图 7.4

(3) 工厂在"淘金网"的"税率查询"中，输入商品海关代码，查找增值税率为 13%，如图 7.5 所示。

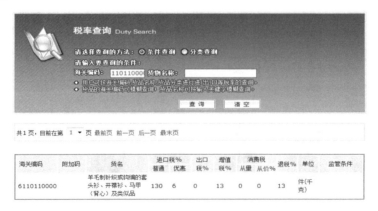

图 7.5

假设工厂报价为 X，则 X＝156＋X/1.13×0.13＋5%X，计算得 X＝186.84，为了至少获得 10%的利润，则 1.1X＝205.52，由于工厂还需花费广告费的费用，故向出口商报价 230 元。

7.1.2 买卖合同

通过邮件与出口商达成协议，由工厂起草买卖合同，检查无误后发送给出口商，如图 7.6 所示。

买 卖 合 同

卖方：开心制造集团
买方：易购进出口贸易公司
合同编号：ORDER2022
签订时间：2022-11-15
签订地点：杭州

一、产品名称、品种规格、数量、金额、供货时间：

选择	产品编号	品名规格	计量单位	数量	单价(元)	总金额(元)	交(提)货时间及数量
○	02004	每箱20件，颜色：蓝色，面料成分：全羊毛	PC	4500	230	1035000	2022年12月1日前工厂交货
		合计	PC	4500		1035000	

[添加] [修改] [删除]

合计人民币(大写)	壹佰零叁万伍仟元整
备注：	

二、质量要求技术标准、卖方对质量负责的条件和期限：
质量符合国标出口优级品，如因品质问题引起的一切损失及索赔由供方承担，质量异议以本合同产品保质期为限。（产品保质期以商标效期为准）

三、交(提)货地点、方式：
工厂交货

四、交(提)货地点及运输方式及费用负担：
集装箱门到门交货，费用由需方承担。

五、包装标准、包装物的供应与回收和费用负担：
纸箱包装符合出口标准，商标由需方无偿提供。

六、验收标准、方法及提出异议期限：
需方代表按出口优级品检验内在品质及外包装，同时供方提供商检放行单或商检换证凭单。

七、结算方式及期限：
需方凭供方提供的增值税发票以及相应的税收（出口货物专用）缴款书在供方工厂交货后七个工作日内付款。如果供方未将有关票证备齐，需方扣除17%税款支付给供方，等有关票证齐全后结清余款。

八、违约责任：
违约方支付合同金额的15%违约金。

九、解决合同纠纷的方式：
按《中华人民共和国经济合同法》。

十、本合同一式两份，双方各执一份，效力相同。未尽事宜由双方另行友好协商。

卖 方	买 方
单位名称：开心制造集团	单位名称：
单位地址：浙江省杭州市萧山区金城路88号	单位地址：
法人代表或委托人：黄小梦	法人代表或委托人：
电话：0571-82854299	电话：
统一社会信用代码：913320100000004460	统一社会信用代码：
开户银行：绍兴银行	开户银行：
帐号：SIM-180631073	帐号：
邮政编码：31200	邮政编码：

[打印预览] [保存] [退出]

图 7.6

工厂与出口商签订合同后,组织生产→放货给出口商→到国税局缴税。

出口商根据公式计算出报价,通过邮件与进口商磋商达成协议,与进口商签订"销售合同"。

此笔交易贸易术语CFR,所以阿德莱德处为目的港,即CFR ADELAIDE;支付方式为D/P;唛头的填写要标准,如图7.7所示。

Easy Buy Trading Co.,Ltd

Jingcheng Road 88 Xiaoshan,Hangzhou,Zhejiang Province,China

SALES CONFIRMATION

Messrs:	HM.Trading Co.,Ltd 114 Old Pittwater Road,Sydney,Australia			No.	CONTRACT2222
				Date:	2022-11-15

Dear Sirs,

　　We are pleased to confirm our sale of the following goods on the terms and conditions set forth below:

Choice	Product No.	Description	Quantity	Unit	Unit Price	Amount
					[CFR] [ADELAIDE]	
○	02004	WOMEN'S CARDIGAN 20PCS PER CARTON, COLOR: BLUE, FABRIC CONTENT: 100% WOOL	4500	PC	AUD95.76	AUD430920

[添 加] [修 改] [删 除]

Say Total:	SAY AUD four hundred and thirty thousand nine hundred and twenty
Payment:	D/P [ ]
Packing:	WOMEN'S CARDIGAN 20PCS PER CARTON, COLOR: BLUE, FABRIC CONTENT: 100% WOOL
Port of Shipment:	SHANGHAI
Port of Destination:	ADELAIDE
Shipment:	All of the goods will be shipped from Shanghai to ADELAIDE before November 20,2022.Partial shipments and transhipment are not allowed
Shipping Mark:	WOMEN'S CARDIGAN AUSTRALIA C/NO 1-4500 MADE IN CHINA
Quality:	As per sample submitted by sellers
Insurance:	The BUYER shall arrange marine insurance covering ALL Risks bearing Institude Cargo Clauses(ALL Risks) Plus institute War Clause (Cargo) for 110% Of CFR value and provide of claim, if any, payable in CHINA,with AUD
Remarks:	The buyer are requested to sign and return one copy of the Sales Confirmation immediately after accepting the same

BUYERS	SELLERS
	Easy Buy Trading Co.,Ltd
	Meng Huang
(Manager Signature)	(Manager Signature)

[打印预览][保存][退出]

图 7.7

7.1.3 添加出口预算表

添加出口预算表，如图7.8所示。

出 口 预 算 表

合同号： CONTRACT2222
预算表编号： STEBG000744　　　　　　　　　　（注：本预算表填入的位数全部为本位币）

项目	预算金额	实际发生金额
合同金额	1800000.00	0.00
采购成本	1035000.00	0.00
FOB总价	1783062.21	0.00
内陆运费	1931.58	0.00
报检费	200.00	0.00
报关费	200.00	0.00
海运费	16937.79	0.00
保险费	0.00	0.00
银行费用	1800.00	0.00
其他费用	90200.00	0.00
退税收入	119070.80	0.00
利润	772801.43	0.00

[打印] [保存] [退出]

图 7.8

各个项目的计算过程如下：

(1) 合同金额：合同以澳元计价，单价为 AUD 95.76 PC CFR ADELAIDE，共 225 箱，每箱 20 件，共 4 500 件，所以总价为 1 800 000 人民币，在"淘金网"的"银行"项下可以查询到澳元的汇率为 4.1771。(人民币转换成澳元，合同金额＝1 800 000/4.1771＝430 920.97 澳元)

(2) 采购成本：与工厂签订的买卖合同确定单位成本，知每件采购价为 230 元人民币，采购成本＝230×4 500＝1 035 000 元。

(3) FOB 总价：成交的贸易术语为 CFR，所以合同金额中扣除海运费(参见下面的计算)即为 FOB 总价，FOB 总价＝1 800 000－16 937.79＝1 783 062.21(元)。

(4) 内陆运费，如图 7.9 所示。

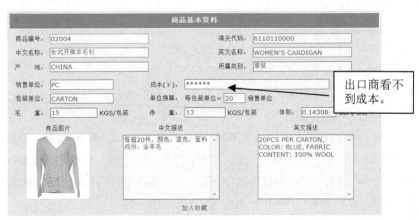

图 7.9

出口商费用		
内陆运费	RMB 60.00	每立方米 ? 元
检验费	RMB 200.00	每次 ? 元
证明书费	RMB 200.00	产地证、检验证，每份 ? 元
报关费	RMB 200.00	每次 ? 元
核销费	RMB 10.00	每次 ? 元
公司综合费用	5.00%	每笔业务成交金额 * ?%

图 7.9(续)

内陆运费为每立方米 60 元，4 500 PC=225 CARTON，225×0.14308＝32.193(m3)，32.193×60＝1 931.58(元)，所以内陆运费为 1 931.58(元)。

(5) 海运费：相关运费查询"淘金网" → "运费查询"，输入澳大利亚，即可得知各个口的运费，找到阿德莱德的港口信息如图 7.10 所示。

港　口　信　息				
港埠代码：	AUADE *		所属航线：	澳新
港口(英文)：	ADELAIDE *		国家(英文)：	Australia
港口(中文)：	阿德莱德		国家(中文)：	澳大利亚
港　口　费　用				
	LCL M(MTQ)	LCL M(TNE)	20′	40′
Basic Freight 基本运费(USD)：	74	105	1600	2900
THC 港口附加费(USD)：	NULL	NULL	64	116
BAF/BAC/EBS/FAF 燃油附加费(USD)：	NULL	NULL	78	141

图 7.10

外销合同中可见，货物共有 225 箱，货物体积 0.14308×225＝32.193(CBM)，货物毛重 15×225＝3 375(KGS)＝3.375TNE。

① 用拼箱装时的计算。

按体积计算，X_1＝74×32.193＝USD 2 382.282

按重量计算，X_2＝105×3.375＝USD 354.375

比较 X_1、X_2 知，拼箱装时，海运费为 2 382.282 美元。

② 用整箱装时的计算。

由于 20′集装箱的有效容积为 25CBM，限重 17.5TNE，40′集装箱的有效容积为 55CBM，限重 26TNE。而 25＜32.193＜55，且 3.375＜17.5，则可知，需要 2 个 20′的集装箱，海运费为(1 600+64+78)×2＝USD3 484，需要 1 个 40′的集装箱，海运费为 2 900+116+141＝USD3 157，比较可知，用 1 个 40′集装箱比较便宜。

比较(1)、(2)可知，USD 2 382.282＜USD 3157，所以选用拼箱装箱时海运费便宜，本次交易中最终海运费为 16 937.79(元)。

(6) 保险费：因贸易术语为 CFR，所以出口商不负责保险费，保险费＝0。

(7) 银行费用：出口地银行费用中有托收手续费为每笔成交金额的 0.1%，银行费用＝4 500×400×0.1%＝1 800(元)＜2 000 元，如图 7.11 所示。

出口地银行费用		
信用证通知费	RMB 200.00	每次？元
信用证修改通知费	RMB 100.00	每次？元
信用证议付费	0.13%	每笔业务成交金额＊?%，最低人民币200元
托收手续费	0.10%	每笔业务成交金额＊?%，最低人民币100元，最高人民币2000元

图 7.11

(8) 其他费用：在出口商费用中可见公司综合费用为总金额的 5%，所以其他费用＝4 500×400×5%＝90 000(元)。证明书费用为 200 元。所以，其他费用共为 90 200 元。

(9) 退税收入：在"淘金网"→"税率查询"中，输入商品的海关代码(该代码可在商品的详细情况中查看)，可查看到该商品的退税率、消费税率和增值税率，如图 7.12 所示。

海关编码	附加码	货名	进口税%		出口税%	增值税%	消费税		退税%	单位	监管条件
			普通	优惠			从量	从价%			
6110110000		羊毛制针织或钩编的套头衫、开襟衫、马甲（背心）及类似品	130	6	0	13	0	0	13	件(千克)	

图 7.12

所以，商品出口退税收入＝采购成本/(1+增值税率)×出口退税率＝4 500×230/1.13×13%＝119 070.80 (元)。

(10) 利润的计算如下。

利润＝合同金额＋退税收入－采购成本－内陆运费－报检费－报关费
－海运费－保险费-银行费用-其他费用
＝4 500×400＋119 070.80－1 035 000－1 931.58－200－200－16 937.79
－0－1 800－90 200＝772801.43(元)。

7.1.4 进口商添加进口预算表

添加进出口预算表，如图 7.13 所示。

进口预算表

合同号：CONTRACT2222
预算表编号：STIBG000695

（注：本预算表填入的位数全部为本位币）

项目	预算金额	实际发生金额
合同金额	430920	0.00
CIF总价	435132.08	0.00
内陆运费	462.4212	0.00
报检费	47.88	0.00
报关费	47.88	0.00
关税	26107.92	0.00
增值税	59961.2	0.00
消费税	0	0.00
海运费	0	0.00
保险费	4212.08	0.00
银行费用	430.92	0.00
其他费用	21546	0.00

[打印] [保存] [退出]

图 7.13

各个项目的计算过程如下：

(1) 合同金额：合同以澳元计价，为 $4\,500 \times 95.76(AUD) = 430\,920(AUD)$

(2) CIF 总价：结算方式为 D/P＋CFR，所以此处应由 CFR 换算成 CIF 价：CIF＝CFR＋保险费。保险费在下面会计算出来。

CIF 总价＝430 920＋4 212.08＝AUD 435 132.08。

(3) 内陆运费如图 7.14 所示。

内陆运费	RMB 60.00 每立方米 ？元

图 7.14

货物成交量为 4 500 件，在货物描述里面我们查到女士开襟羊毛衫是 20 件为 1 包装，每包装为 0.143 08 立方米。查包装计算，总体积＝$4\,500 \div 20 \times 0.143\,08 = 32.193(CBM)$，内陆运费＝$32.193 \div 4.1771 \times 60 = AUD\ 462.4212$。

(4) 报关费、报检费如图 7.15 所示。

进口商费用

检验费	RMB 200.00 每次 ？元
报关费	RMB 200.00 每次 ？元

图 7.15

保关费＝报检费＝$200 \div 4.1771 = AUD\,47.88$。

(5) 关税：在"淘金网"→"税率查询"中，输入商品的海关代码(该代码可在商品的详细情况中查看)，可查看到该商品的进口税率、消费税率和增值税率如图 7.16 所示。

第 7 章

托收结算方式下的合同履行

图 7.16

进口关税＝CIF 总价×6%＝435 132.08×6%＝AUD26 107.92。

(6) 增值税：如果一笔合同涉及多项商品，则须分别计算，再累加。

　　　　增值税＝(CIF 总价＋进口关税税额＋消费税税额)×增值税率
　　　　　　　＝(435 132.08＋26 107.92＋0)×13%
　　　　　　　＝AUD 59 961.2。

(7) 消费税＝0。

(8) 海运费＝0，CFR 项下为出口商负责运费。

(9) 保险费：按 CFR 进口时，我方欲投保 ICC CLAUSE A 险与战争险，

　　　　　　保险费＝保险金额×保险费率

　　　　　保险金额＝CFR 货价×1.1/(1－1.1×r)

因此，保险费＝430 920×1.1/[1－1.1×(0.8%＋0.08%)]×(0.8%＋0.08%)
　　　　　　＝AUD 4 212.08。

(10) 银行费用如图 7.17 所示。

进口地银行费用		
信用证开证手续费	0.15%	每笔业务成交金额 * ?%，最低人民币200元
信用证修改手续费	RMB 200.00	每次 ? 元
信用证付款手续费	0.13%	每笔业务成交金额 * ?%，最低人民币200元
托收手续费	0.10%	每笔业务成交金额 * ?%，最低人民币100元，最高人民币2000元
电汇手续费	0.08%	每笔业务成交金额 * ?% 最低50元，最高1000元

图 7.17

银行费用＝合同金额×0.1%＝430 920×0.1%＝AUD430.92
　　　　＝RMB1 800＜RMB 2 000。

(11) 其他费用如图 7.18 所示。

公司综合费用	5.00%	每笔业务成交金额 * ?%

图 7.18

其他费用＝合同金额×5%＝430 920×5%＝AUD 21 546。

7.2 出口商履约步骤

7.2.1 添加并填写"货物出运委托书"

同前一章出口商第一步操作方法相同，添加并填写"货物出运委托书"，如图7.19所示。

货物出运委托书				合同号	CONTRACT2222	运输编号	
(出口货物明细单) 日期：2022-11-15				银行编号	18063107	信用证号	
根据《中华人民共和国合同法》与《中华人民共和国海商法》的规定，就出口货物委托运输事宜订立本合同。				开证银行			
托运人	易购进出口贸易公司 中国浙江省杭州市萧山区金城路88号			付款方式	D/P		
				贸易性质	一般贸易	贸易国别	AUSTRALIA
抬头人	To order			运输方式	海运	消费国别	AUSTRALIA
				装运期限	2022-11-20	出口口岸	SHANGHAI
通知人				有效期限	2022-11-21	目的港	ADELAIDE
				可否转运	NO	可否分批	NO
				运费预付	YES	运费到付	NO
选择	标志嗖头	货名规格	件数	数量	毛重	净重	单价	总价
○	WOMEN'S CARDIGAN AUSTRALIA C/NO 1-4500 MADE IN CHINA	WOMEN'S CARDIGAN 20PCS PER CARTON, COLOR: BLUE, FABRIC CONTENT: 100% WOOL	225CARTON	4500PC	3375KGS	2925KGS	AUD95.76	AUD430920
		TOTAL：	[225][CARTON]	[4500][PC]	[3375][KGS]	[2925][KGS]		[AUD][430920]

[添加] [修改] [删除]

		FOB价	[AUD][426866.05]
注意事项		总体积	[32.192][CBM]
	保险单	险别	
		保额	[ ][0]
		赔偿地点	
		统一社会信用代码	9133201000000044
		制单员	黄梦

受托人（即承运人）		委托人（即托运人）	
名称：		名称：	易购进出口贸易公司
电话：		电话：	0571-82854269
传真：		传真：	0571-82854269
委托代理人：		委托代理人：	黄梦

[打印预览] [保存] [退出]

图 7.19

7.2.2 指定船公司并洽订舱位

回到"业务中心"，单击"船公司"按钮，单击"指定船公司"按钮，然后"洽订舱位",输入集装箱类型和装船日期(本次交易拼箱 LCL),单击"确定"按钮即可,如图 7.20 和图 7.21 所示。

图 7.20

图 7.21

7.2.3 出口报检

(1) 添加并填写相关单据:出境货物检验检疫申请、商业发票、装箱单,如图 7.22 至图 7.24 所示。

中华人民共和国出入境检验检疫
出境货物检验检疫申请

申请单位(加盖公章):	易购进出口贸易公司				*编 号 STEPC000594
申请单位登记号:	913320100000C	联系人: 黄梦	电话: 0571-8285426ⁱ	申请日期:	2022年11月18日

发货人	(中文)	易购进出口贸易公司
	(外文)	Easy Buy Trading Co.,Ltd
收货人	(中文)	
	(外文)	HM.Trading Co.,Ltd.

选择	货物名称(中/外文)	H.S.编码	产地	数/重量	货物总值	包装种类及数量
○	女式开襟羊毛衫 WOMEN'S CARDIGAN	6110110000	CHINA	4500PC	AUD430920	225CARTON

[添加] [修改] [删除]

运输工具名称号码	Amsterdam/DY105-06	贸易方式	一般贸易	货物存放地点	SHANGHAI CFS
合同号	CONTRACT2222	信用证号		用途	
发货日期	2022-11-18	输往国家(地区)	澳大利亚	许可证/审批号	
启运地	上海港	到达口岸	阿德莱德	生产单位注册号	
集装箱规格、数量及号码					

合同、信用证订立的检验检疫条款或特殊要求	标记及号码	随附单据(划"√"或补填)	
	WOMEN'S CARDIGAN AUSTRALIA C/NO 1-4500 MADE IN CHINA	☑合同 ☐信用证 ☑发票 ☑装箱单 ☐厂检单 ☐包装性能结果单	☐许可/审批文件 ☐报检委托书 ☐其他单据 ☐

需要证单名称(划"√"或补填)		*检验检疫费	
☐品质证书 　0正　0副 ☐重量证书 　0正　0副 ☐数量证书 　0正　0副 ☐兽医卫生证书 0正　0副 ☐健康证书 　0正　0副 ☐卫生证书 　0正　0副 ☐动物卫生证书 0正　0副	☐植物检疫证书　0正　0副 ☐熏蒸/消毒证书　0正　0副 ☑通关单 ☐出境货物换证凭单 ☐_____	总金额 (人民币 元) 计费人 收费人	0

申请人郑重声明: 1.本人被授权申请检验检疫。 2.上列填写内容正确属实,货物无伪造或冒用他人的厂名、标志、认证标志,并承担货物质量责任。 签名 黄梦	领 取 证 单	
	日 期	
	签 名	

注:有"*"号栏由海关填写

[打印预览] [保存] [退出]

图 7.22

ISSUER		COMMERCIAL INVOICE 商业发票		
Easy Buy Trading Co.,Ltd Jingcheng Road 88 Xiaoshan,Hangzhou, Zhejiang Province, China				
TO				
HM.Trading Co.,Ltd. 114 Old Pittwater Road,Sydney,Australia		NO. STINV000667		DATE 2022-11-18
TRANSPORT DETAILS		S/C NO. CONTRACT2222		L/C NO.
From Shanghai to Adelaide on Nov.18,2022 By Vessle		TERMS OF PAYMENT D/P		
Choice	Marks and Numbers	Description of goods	Quantity	Unit Price	Amount
---	---	---	---	---	---
○	WOMEN'S CARDIGAN AUSTRALIA C/NO 1-4500 MADE IN CHINA	WOMEN'S CARDIGAN 20PCS PER CARTON, COLOR: BLUE, FABRIC CONTENT: 100% WOOL	4500PC	AUD95.76	AUD430920

[添加][修改][删除]

Total: [4500][PC]   [AUD][430920]

SAY TOTAL: SAY AUD four hundred and thirty thousand nine hundred and twenty

(写备注处)

Easy Buy Trading Co.,Ltd (公司名称)

Meng Huang (法人签名)

[打印预览] [保存] [退出]

图 7.23

```
┌─────────────────────────────────────────────────────────────────────────────┐
│ ISSUER                                   │                                  │
│ Easy Buy Trading Co.,Ltd                 │        装箱单                     │
│ Jingcheng Road 88 Xiaoshan,Hangzhou,     │     PACKING LIST                 │
│ Zhejiang Province,China                  │                                  │
├──────────────────────────────────────────┼──────────────────────────────────┤
│ TO                                       │                                  │
│ HM.Trading Co.,Ltd.                      │ INVOICE NO.    │    DATE         │
│ 114 Old Pittwater Road,Sydney,Australia  │ STINV000667    │    2022-11-18   │
└──────────────────────────────────────────┴──────────────────────────────────┘
```

Choice	Marks and Numbers	Description of goods	Package	G.W	N.W	Meas.
○	WOMEN'S CARDIGAN AUSTRALIA C/NO 1-4500 MADE IN CHINA	WOMEN'S CARDIGAN 20PCS PER CARTON, COLOR: BLUE, FABRIC CONTENT: 100% WOOL	225CARTON	3375KGS	2925KGS	32.193CBM

[添 加] [修 改] [删 除]

Total: [225   ][3375   ][2925   ][32.193]
       [CARTON][KGS   ][KGS   ][CBM   ]

SAY TOTAL: SAY AUD four hundred and thirty thousand nine hundred and twenty

(写备注处)

Easy Buy Trading Co.,Ltd(公司名称)
Meng Huang(法人签名)

[打印预览] [保存] [退出]

图 7.24

单据填写说明见前章相关内容。

(2) 回到"业务中心",单击"检验机构"→"申请报检"按钮,选中所需单据"销售合同""商业发票""装箱单""出境货物检验检疫申请"后,单击"报检"按钮。报检完成。

7.2.4 添加并填写产地证

(1) 出口商添加"原产地证书",填写完整,如图 7.25 所示。

(2) 填写完成后单击"检查"按钮,确认通过;回到"业务中心"界面,单击"检验机构"按钮;再单击"申请产地证"按钮,选择产地证类型为"原产地证明书",单击"确定"按钮,完成产地证的申请。

第 7 章 托收结算方式下的合同履行

ORIGINAL

1. Exporter	Certificate No. STCOC000639
Easy Buy Trading Co.,Ltd Jingcheng Road 88 Xiaoshan,Hangzhou, Zhejiang Province, China CHINA	**CERTIFICATE OF ORIGIN** **OF** **THE PEOPLE'S REPUBLIC OF CHINA**
2. Consignee HM.Trading Co.,Ltd. 114 Old Pittwater Road,Sydney,Australia Australia	
3. Means of transport and route From Shanghai to Adelaide on Nov.18,2022 By Vessle	5. For certifying authority use only
4. Country / region of destination Australia	

Choice	6.Marks and numbers	7.Number and kind of packages; description of goods	8.H.S.Code	9.Quantity	10.Number and date of invoices
○	WOMEN'S CARDIGAN AUSTRALIA C/NO 1-4500 MADE IN CHINA	WOMEN'S CARDIGAN 20PCS PER CARTON, COLOR: BLUE, FABRIC CONTENT: 100% WOOL 225 CARTONS	6110110000	4500PC	STINV000667 2022-11-18

[添 加] [修 改] [删 除]

SAY TOTAL: SAY AUD four hundred and thirty thousand nine hundred and twenty

(写备注处)

11. Declaration by the exporter	12. Certification
The undersigned hereby declares that the above details and statements are correct, that all the goods were produced in China and that they comply with the Rules of Origin of the People's Republic of China.	It is hereby certified that the declaration by the exporter is correct.
Place and date, signature and stamp of authorized signatory	Place and date, signature and stamp of certifying authority

图 7.25

7.2.5 出口报关

(1) 添加"出口货物报关单"并进行填写(图 7.26)、

出口货物报关单

预录入编号：　　　　　海关编号：

境内发货人	易购进出口贸易公司 91332010000000004450	出境关别	Shanghai Port	出口日期	2022-11-18	申报日期	2022-11-18	备案号	
境外收货人	HM. Trading Co., Ltd.	运输方式	江海运输	运输工具名称及航次号	Amsterdam/DY105-06	提运单号			
生产销售单位	易购进出口贸易公司 91332010000000004450	监管方式	一般贸易	征免性质		许可证号			
合同协议号 CONTRACT2222		贸易国（地区） 澳大利亚		运抵国（地区） 澳大利亚		指运港 阿德莱德		离境口岸 上海港	
包装种类 CARTON		件数 225	毛重（千克） 3375	净重（千克） 2925	成交方式 CFR	运费 [AUD 1/ 4054.9153]		保费 [　0] [　1/] [　1/]	杂费 [　0] [　1/] [　1/]
随附单据及编号									

项号	商品编号	商品名称及规格型号	数量及单位	单价	总价	币制	原产国（地区）	最终目的国（地区）	境内货源地	征免
1	6110110000	WOMEN'S CARDIGAN AUSTRALIA WOMEN'S CARDIGAN 20PCS PER CARTON, COLOR BLUE, FABRIC CONTENT: 100% WOOL	4500PC	95.76	430920	AUD	CHINA	AUSTRALIA	CHINA	一般征税

特殊关系确认　价格影响确认　支付特许权使用费确认

兹声明对以上内容承担申报、依法纳税之法律责任

报关人员	黄梦	报关人员证号		申报单位（签章）	海关批注及放行日期
申报单位	易购进出口贸易公司 91332010000000004450				

图 7.26

添加"出口货物报关单"并进行填写,填写完成后单击"检查"按钮,确认通过。

(2)送货:单击"业务中心"里的"海关",再单击"送货"按钮,将货物送到海关指定地点。

(3)报关,选择单据"商业发票""装箱单""出境货物检验检疫申请(不需出口检验的商品可免附)""出口货物报关单",单击"报关"按钮;完成报关的同时,货物自动装船出运。

7.2.6 取提单并发装船通

(1)出口商到在"业务中心"单击"船公司"按钮,再单击"取回提单"按钮,可在单据列表收到"海运提单",如图 7.27 所示。

1. Shipper Insert Name, Address and Phone EASY BUY TRADING CO., LTD JINGCHENG ROAD 88 XIAOSHAN,HANGZHOU,ZHEJIANG PROVINCE,CHINA		B/L No. STBLN000663		
2. Consignee Insert Name, Address and Phone To order		中远集装箱运输有限公司 COSCO CONTAINER LINES TLX: 33057 COSCO CN FAX: +86(021) 6545 8984		
3. Notify Party Insert Name, Address and Phone (It is agreed that no responsibility shall attsch to the Carrier or his agents for failure to notify)		ORIGINAL Port-to-Port or Combined Transport BILL OF LADING RECEIVED in external apparent good order and condition except as other-Wise noted. The total number of packages or unites stuffed in the container,The description of the goods and the weights shown in this Bill of Lading are Furnished by the Merchants, and which the carrier has no reasonable means Of checking and is not a part of this Bill of Lading contract. The carrier has Issued the number of Bills of Lading stated below, all of this tenor and date, One of the original Bills of Lading must be surrendered and endorsed or sig-Ned against the delivery of the shipment and whereupon any other original Bills of Lading shall be void. The Merchants agree to be bound by the terms And conditions of this Bill of Lading as if each had personally signed this Bill of Lading. SEE clause 4 on the back of this Bill of Lading (Terms continued on the back Hereof, please read carefully). *Applicable Only When Document Used as a Combined Transport Bill of Lading.		
4. Combined Transport * Pre - carriage by	5. Combined Transport* Place of Receipt			
6. Ocean Vessel Voy. No. Amsterdam DY105-06	7. Port of Loading SHANGHAI			
8. Port of Discharge ADELAIDE	9. Combined Transport * Place of Delivery			
Marks & Nos. Container / Seal No. WOMEN'S CARDIGAN AUSTRALIA C/NO 1-4500 MADE IN CHINA	No. of Containers or Packages 225 CARTON	Description of Goods (If Dangerous Goods, See Clause 20) WOMEN'S CARDIGAN 20PCS PER CARTON, COLOR: BLUE, FABRIC CONTENT: 100% WOOL FREIGHT PREPAID	Gross Weight Kgs 3375.000 KGS	Measurement 32.1930 CBM
		Description of Contents for Shipper's Use Only (Not part of This B/L Contract)		
10. Total Number of containers and/or packages (in words) Subject to Clause 7 Limitation		SAY TWO HUNDRED AND TWENTY-FIVE CARTONS ONLY		
11. Freight & Charges Declared Value Charge	Revenue Tons	Rate	Per	Prepaid	Collect
Ex. Rate:	Prepaid at	Payable at	Place and date of issue SHANGHAI 2022-02-27	
	Total Prepaid	No. of Original B(s)/L THREE	Signed for the Carrier, COSCO CONTAINER LINES	
LADEN ON BOARD THE VESSEL DATE 2022-02-27 BY LADEN ON BOARD				

图 7.27

（2）添加并填写"SHIPPING ADVICE"，然后单击"保存"按钮，如图 7.28 所示。

SHIPPING ADVICE

Messrs.
HM.Trading Co.,Ltd.
114 Old Pittwater Road,Sydney,Australia

Invoice No. STINV000667
Date: 2022-11-18

Particulars
1.L/C No.
2.Purchase order No. CONTRACT2222
3.Vessel: Amsterdam/DY105-06
4.Port of Loading: Shanghai
5.Port of Dischagre: Adelaide
6.On Board Date: 2022-11-18
7.Estimated Time of Arrival: 2022-11-20
8.Container: LCL
9.Freight: [AUD   ] [4054.92   ]
10.Description of Goods:
WOMEN'S CARDIGAN
20PCS PER CARTON, COLOR: BLUE, FABRIC CONTENT: 100% WOOL

11.Quantity:[4500   ] [PC   ]
12.Invoice Total Amount: [AUD   ] [430920   ]
Documents enclosed
1.Commercial Invoice: 3
2.Packing List: 3
3.Bill of Lading: 3/3
4.Insurance Policy: 1(Duplicate)2 Copies

> 单据份数最容易填错，不能都填 1 份，根据实际情况填写

Very truly yours,
Easy Buy Trading Co.,Ltd
Meng Huang
Manager of Foreign Trade Dept.

[打印预览] [保存] [退出]

图 7.28

（3）回到"船公司"，单击"发送装船通知"按钮给进口商即可。

7.2.7 添加并填写"汇票"

添加并填写"汇票"，"保存"后如图 7.29 所示。
汇票填写注意事项：
(1) 单击 BILL OF EXCHANGE 字样，可参照里面的说明。
(2) 本次交易结算方式 D/P at sight，所以 At sight 之间应加入----符号)。

```
                          BILL OF EXCHANGE
    No. STDFT000432                    Dated 2022-11-18
    Exchange for  AUD    430920
              At  ----              Sight of this  FIRST  of Exchange
    (Second of exchange being unpaid)
    Pay to the Order of  Easy Buy Trading Co.,Ltd
    the sum of  four hundred and thirty thousand nine hundred and twenty
    Drawn under L/C No.                        Dated
    Issued by
    To  HM.Trading Co.,Ltd.
        114 Old Pittwater Road,Sydney,Australia
                                              Easy Buy Trading Co.
                                              (Authorized Signature)
```

- 抬头人通常为出口地银行
- 信用证方式下通常为进口地开证银行,非信用证方式,此栏不用填
- 此项为被出票人名称和地址。信用证方式下,此处填写开证行名称。其他方式下填写进口商名称地址

图 7.29

(3) 大小写应该一致。

(4) 汇票的抬头人应该填托收行,最容易填错。

(5) Drawn under L/C——Dated--issued by---是出票条款,信用证中的汇票要填,这里不填,空着(注意与第 8 章的汇票填写区别)。

(6) 付款人栏目中应该是进口商。

7.2.8　向出口地银行交单托收

从业务中心进入"出口地银行",单击"托收"按钮,选中所需单据"汇票""商业发票""装箱单""海运提单""原产地证明书",单击"托收"按钮即可。

7.2.9　等待审单

接下来,出口商等待进出口银行审单并通知进口商(具体步骤见 7.4.1 银行操作步骤之出口地银行)。

7.2.10　出口商到银行办理结汇

从"业务中心",单击"出口地银行"按钮,单击"结汇"按钮,至此出口商已成功办理结汇、收到货款,如图 7.30 和 7.31 所示。

图 7.30

图 7.31

7.2.11 到外管局办理国际收支网上申报

（1）出口商办理"国际收支网上申报"，进入"外汇管理局"，登录后，点击"国际收支网上申报系统（企业版）"，完成申报，如图 7.32。

图 7.32

注意事项：

一、付款人常驻国家(地区)代码及名称：填写进口商所在的国家英文名称，可复制进口商基本资料里的所属国家。

二、本笔款项是否为保税货物项下收入：统一选"否"

三、交易编码：统一选择"一般贸易收入"

四、相应币种及金额："币种"根据合同币别，系统自动生成，只需在币别后填上相应的合同金额

五、交易附言：统一填写"一般贸易收入"

7.2.12 到国税局办理出口退税

从业务中心进入"国税局"，单击"退税"按钮，选中所需要的全部单据(出口货物报关单、商业发票、出口收汇核销单)，单击"退税"按钮即可，至此，出口商在这笔交易中的事务已全部完成。

出口商报价不高、成交数量不多，学生考虑到资金约束，做得比较保守，其实资金不够可以向银行贷款，不仅可以向报价低的工厂进行采购，而且可以销售一些高利润的产品(比如化妆品、名牌手提包等)，提高报价、加大成交数量可以使财务资金加速增长。填制单据时，必须要做到单单相符、单证相符和单货相符，不能忽视任何一个细节。

7.3 进口商履约步骤

7.3.1 查看装船通知

进口商到单据列表中单击"SHIPPING ADVICE"按钮，查看装船通知。

7.3.2 投保

(1) 添加并填写"货物运输保险投保单"，所填项目均可从装船通知中查找，保存即可，如图 7.33 所示。

(2) 回到"业务中心"到"保险公司"投保，选择"货物运输保险投保单"进行投保，单击"办理保险"按钮即可。

货物运输保险投保单

投保人：HM.Trading Co.,Ltd.　　　　　　　　　　　投保日期：2022-11-15

发票号码	STINV000667	投保条款和险别
被保险人	客户抬头 HM.Trading Co.,Ltd. 过户	( ) PICC CLAUSE (√) ICC CLAUSE ( ) ALL RISKS ( ) W.P.A./W.A. ( ) F.P.A (√) WAR RISKS ( ) S.R.C.C ( ) STRIKE
保险金额	[AUD] [478645.286372]	(√) ICC CLAUSE A ( ) ICC CLAUSE B ( ) ICC CLAUSE C
启运港	SHANGHAI	
目的港	ADELAIDE	( ) AIR TPT ALL RISKS ( ) AIR TPT RISKS ( ) O/L TPT ALL RISKS ( ) O/L TPT RISKS ( ) TRANSHIPMENT RISKS ( ) W TO W ( ) T.P.N.D. ( ) F.R.E.C. ( ) R.F.W.D. ( ) RISKS OF BREAKAGE ( ) I.O.P.
转内陆		
开航日期	2022-11-15	
船名航次	Amsterdam/DY105-06	
赔款地点	ADELAIDE	
赔付币别	AUD	
保单份数	2	
其它特别条款		
以下由保险公司填写		
保单号码		签单日期

[打印预览] [保存] [退出]

图 7.33

7.3.3 付款赎单

(1)进口商进入"业务中心"的"进口地银行"，单击"付款"按钮，如图 7.34 所示。

图 7.34

(2) 再单击"取回单据"按钮，如图 7.35 所示。

图 7.35

7.3.4 进口报检

同第 6 章，交易商品是否需要进口检验，须在淘金网的"税率查询"页，输入商品的海关编码进行查询，查到相对应的监管条件后，单击代码符号，各代码的意义均列明于其中，如图 7.36 所示。

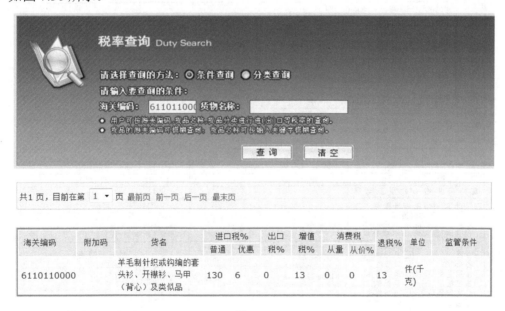

图 7.36

(1) 换提货单：单击"业务中心"里的"船公司"按钮，再单击"换提货单"按钮，如图 7.37 所示。

(2) 准备相应单据的相关操作。

① 添加"入境货物检验检疫申请"并进行填写，如图 7.38 所示。

图 7.37

出入境检验检疫

入境货物检验检疫申请

申请单位（加盖公章）：HM.trading Co.,Ltd.　　　　＊编　号 STIPC000585

申请单位登记号：913320100000C　联系人：Jessica　电话：0044-20-12345　申请日期：2022年11月20日

收货人	（中文）			企业性质(划"√")	□合资 □合作 □外资
	（外文）HM.trading Co.,Ltd.				
发货人	（中文）易购进出口贸易公司				
	（外文）Easy Buy Trading Co.,Ltd				

选择	货物名称（中/外文）	H.S.编码	原产国(地区)	数/重量	货物总值	包装种类及数量
○	女式开襟羊毛衫 WOMEN'S CARDIGAN	6110110000	中国	4500PC	AUD430920	225CARTON

[添加][修改][删除]

运输工具名称号码	Amsterdam/DY105-06			合　同　号	CONTRACT2222
贸易方式	1	贸易国别(地区)	中国	提单/运单号	STBLN000663
到货日期	2022-11-20	启运国家(地区)	中国	许可证/审批号	
卸毕日期	2022-11-20	启运口岸	上海港	入境口岸	阿德莱德
索赔有效期至	2022-11-30	经停口岸		目的地	澳大利亚
集装箱规格、数量及号码					
合同订立的特殊条款以及其他要求			货物存放地点		
				用途	服装

随附单据（划"√"或补填）	标记及号码	*外商投资财产(划"√")	□是 □否
☑合同　□到货通知 ☑发票　☑装箱单 ☑提/运单 □质保书 □兽医卫生证书 □理货清单 □植物检疫证书 □磅码单 □动物检疫证书 □验收报告 □卫生证书　□无木质包装证明 □原产地证　□报检委托书 □许可/审批文件 □合格保证	WOMEN'S CARDIGAN AUSTRALIA C/NO 1-4500 MADE IN CHINA	*检验检疫费	
		总金额（人民币元）	0
		计费人	
		收费人	

申请人郑重声明：
1．本人被授权申请检验检疫。
2．上列填写内容正确属实。

签名：Jessica

领取证单
日期
签名

注：有"＊"号栏由海关填写

图 7.38

② 填写完成后单击"检查"按钮，确认通过。

单据填写重点说明。

单据中的"报检单位登记号"到公司基本资料中查找；"运输工具名称号码"即船名，请到出口商发来的"Shipping Advice"中查找；提单号请到提货单里查找。

(3) 报检的相关操作。

① 回到"业务中心"，选择"海关（检验检疫）"，选择"申请报检"业务，如图 7.39 所示。

图 7.39

② 选择单据"销货合同""商业发票""装箱单""入境货物检验检疫""提货单"，单击"报检"按钮，如图 7.40 所示。

图 7.40

③ 报检完成。

7.3.5 进口报关与提货

(1) 添加"进口货物报关单"并填写，如图 7.41 所示。

进口货物报关单

境内收货人	HM.Trading Co.,Ltd. 91332010000005170	进口日期	2022-11-20	申报日期	2022-11-20	备案号	
境外发货人	Easy Buy Trading Co.,Ltd	运输工具名称及航次号	Amsterdam/DY105-06	提运单号	STBLN000663	货物存放地点	
消费使用单位	HM.Trading Co.,Ltd. 91332010000005170	运输方式	江海运输	监管方式	一般贸易	征免性质	一般征税	启运港	上海港
合同协议号	CONTRACT2222			贸易国(地区)	中国	启运国(地区)	中国	入境口岸	阿德莱德
申报种类 CARTON	件数 225	毛重(千克) 3375	净重(千克) 2925	成交方式 CFR	运费 [1|0]	杂费 [AUD][4212.07852001][1|0]	

项号	商品编号	商品名称及规格型号	数量及单位	单价	总价	币制	原产国(地区)	最终目的国(地区)	境内目的地	征免
1	6110110000	WOMEN'S CARDIGAN AUSTRALIA SNO.1460 WOMEN'S CARDIGAN 20PCS PER CARTON, COLOR: BLUE, FABRIC CONTENT: 100% WOOL	4500PC	95.76	430920	AUD	CHINA	AUSTRALIA	ADELAIDE	照章征免

报关人员: Jessica
报关单位: HM.Trading Co.,Ltd. 91332010000005170

图7.41

填写完成后单击"检查"按钮，确认通过。

(2) 报关的相关操作。

① 单击"业务中心"里的"海关"按钮，选择"报关"业务。

② 选择"销货合同""商业发票""装箱单""提货单""进口货物报关单"前的复选框，单击"报关"按钮，如图 7.42 所示。

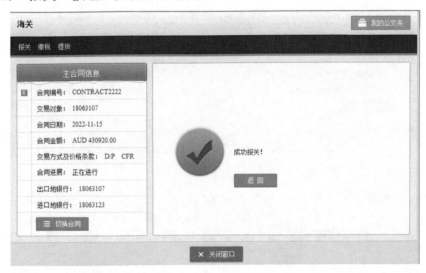

图 7.42

③ 完成报关后，海关返还提货单和进口报关单。

(3) 单击"缴税"按钮，缴纳税款，如图 7.43 所示。

图 7.43

(4) 再单击"提货"按钮，领取货物，如图 7.44 所示。

图 7.44

(5) 回到主页面查看"库存",如图 7.45 所示。

图 7.45

7.3.6 办理外汇监测系统网上申报

(1)进口商办理"国际收支网上申报",进入"外汇管理局",登录后,点击"货物贸易外汇检测系统(企业版)",点击"新增",填写"表格",完成申报,如图 7.46 所示。

图 7.46

注意事项：

在预付货款报告新增页面，除系统自动生成的内容之外，还需填写以下几个栏位：

一、预计进口日期：在合同签订日期之后即可，日期格式请参照合同日期；

二、关联关系类型：统一选择"无关联关系"；

三、报告金额：填写合同金额

点击右下角的"提交"按钮，若信息填写无误，系统将提示"成功办理外汇监测系统网上申报"。此时，成功提交申报的业务条目将从预付货款报告新增列表中消失。

7.3.7 销货

(1) 单击"业务中心"里的"市场"按钮，单击"销货"按钮，选择编号为 02004 的产品，单击"确定"按钮即可销售货物，如图 7.47-49 所示。

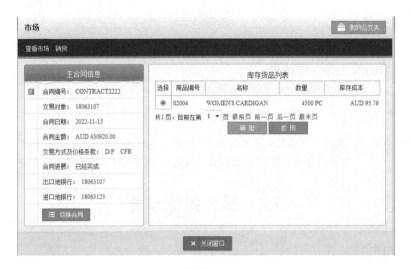

图 7.47

图 7.48

图 7.49

至此，进口商的工作全部结束。

特别提示

进口商的许多流程，需在出口商完成后才能操作，所以这段时间进口商可以开始制作报检单报关单等(不知道的栏目可以先空着，到时再补充好)，这样大大提高效率，还可以跟其他出口商磋商另一笔交易。

7.4 银行操作步骤

7.4.1 出口地银行

(1) 出口地银行登录后，会看到一封来自出口商的邮件，如图7.50所示。

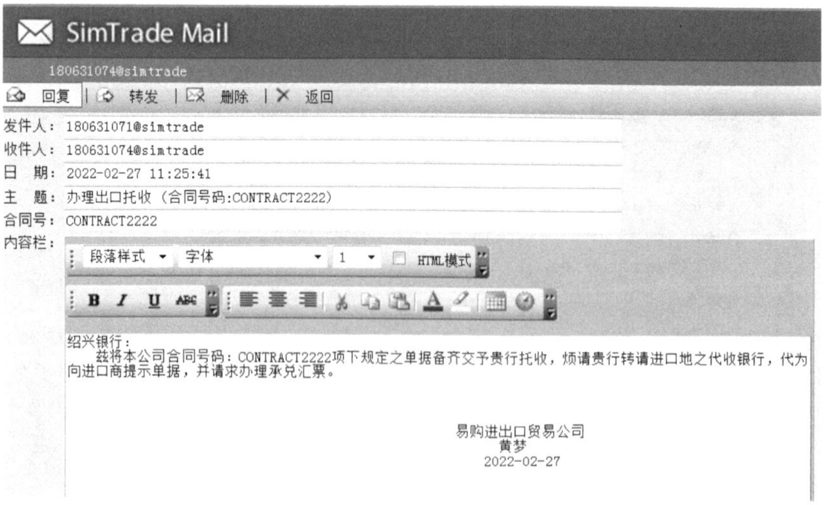

图 7.50

(2) 登录出口地银行，点击"结汇单据"（Bill），选中该业务，后单击右边的"检查单据"按钮，并对每个单据进行查看，保证各个单据均无误，后送进口地银行，如图 7.51 所示。

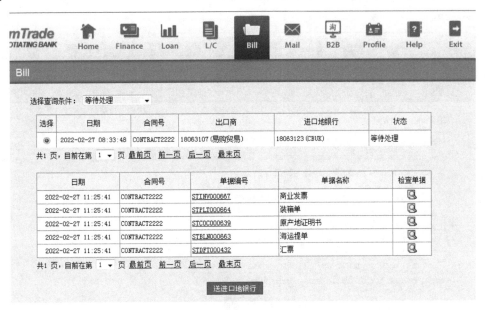

图 7.51

(5) 出口地银行任务已经完成，下面是进口商审单并通知进口商。

7.4.2 进口地银行

(1) 进口商登录后，会看到一封来自出口地银行的邮件，如图 7.52 所示。

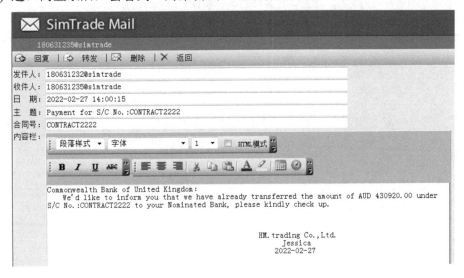

图 7.52

(2) 登录进口地银行，点击"结汇单据"（Bill）。

(3) 选中该业务，然后单击右边的"检查单据"按钮，并对每个单据进行查看，保证各个单据均无误。

(4) 待各单据无误，单击"通知进口商"按钮即可，如图 7.53 所示。至此，进口地银行的任务完成。

图 7.53

本 章 作 业

1. 参照范例选择新的商品，进出口商共同完成一笔 D/P + FOB 交易。
2. 参照范例选择新的商品，进出口商共同完成一笔 D/P + CIF 交易。

第 8 章　信用证结算方式下的合同履行

本章要点

信用证方式是国际贸易交易中相对复杂、与国际贸易惯例联系最紧密的结算方式，需要学生重点掌握，特别是单据制作环节。本章模拟在信用证结算方式下，使用贸易术语 CIF，其流程很多和前面是相同或类似的。本章与以前各章相似的步骤均作了简单描述，相应的详细说明请参照前述各章。由于软件功能的限制，此方式下的模拟重点是对进出口商的模拟，对信用证方式下非常重要的银行方面的模拟相对比较薄弱，特别要提醒学生注意扮演银行角色时注意严格审单，为下一阶段《国际结算》学习打好基础。

本章预备知识

1. 跟单议付信用证业务简要流程图(图 8.1)

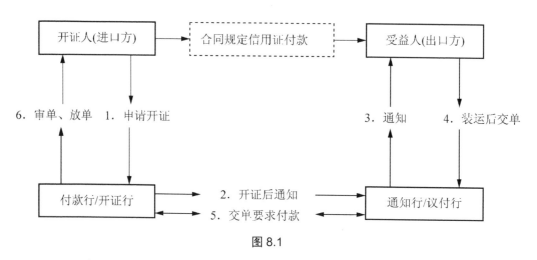

图 8.1

2. CIF 买卖双方各自承担的基本义务

CIF 买卖双方各自承担的基本义务见表 8-1。

表 8-1

卖方的主要义务	买方的主要义务
(1) 交货，及时发装船通知	(1) 付款
(2) 办理出口清关手续	(2) 办理进口清关手续
(3) 办理租船订舱	(3) 无
(4) 办理保险	(4) 无
(5) 交单	(5) 接受单据
(6) 承担货物装上船以前的一切损失和风险	(6) 承担货物装船后的一切损失和风险
价格构成＝FOB＋F＋I	

3. L/C＋CIF 履约流程(图 8.2)

第 8 章
信用证结算方式下的合同履行

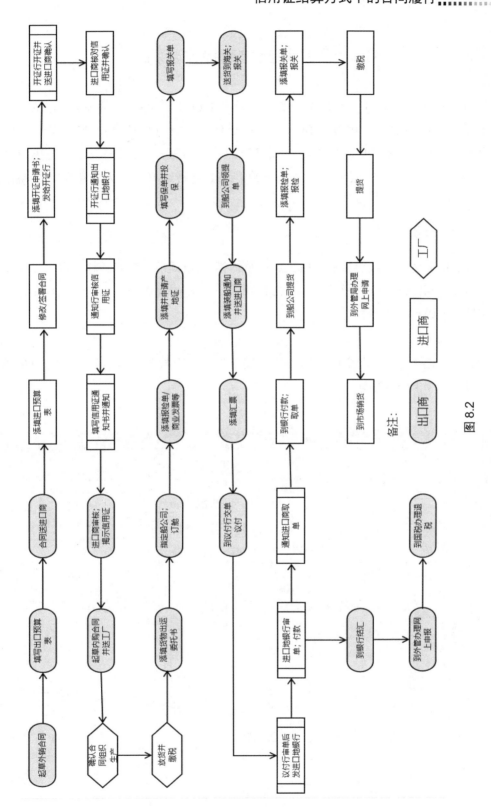

图 8.2

8.1 工厂与出口商操作步骤

按照第二篇的方法选择交易商品、建立客户关系(有好多同学选择以前的交易对象，但是为了锻炼自己的能力，最好变换新的交易对象，系统也会加分)，按照第三篇的方法进行交易磋商(此时就要开始预算，将预算表的基本内容计算出来)、订立进出口合同和内销合同。与进口商进行磋商后，达成一致，这笔交易结算方式为信用证，交易术语为 CIF。

8.1.1 工厂操作步骤

工厂与出口商达成一致协议后，由工厂起草内销合同(同前述各章一样，也可以由出口商起草；如果起草错误，可以撤销由另一方起草)，经过出口商确定，由工厂组织生产，然后放货，最后去国税局缴税。

各项计算如下：

(1) 在工厂主界面的"淘金网"的"产品展示"中，查找商品基本资料，找出每单位成本为 42.1 元，如图 8.3 所示。

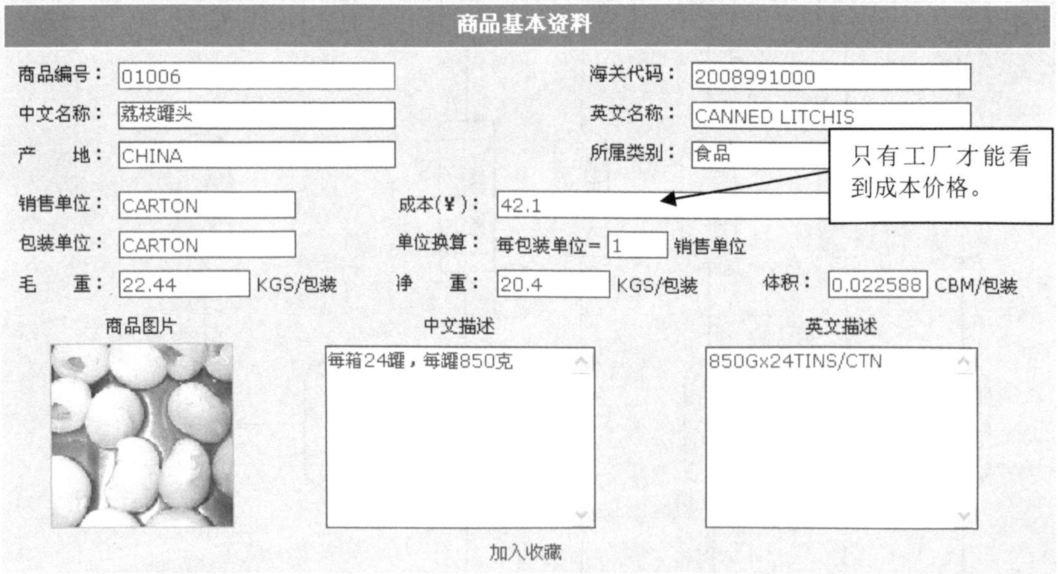

图 8.3

(2) 工厂在“淘金网”的“其他费用”中，查找工厂所需费用，如图 8.4 所示。

供应商费用

公司综合费用 5.00% 每笔业务成交金额 * ?%

图 8.4

(3) 工厂在“淘金网”的“税率查询”中，输入商品海关代码，查找增值税率为 13%，如图 8.5 所示。

共1 页，目前在第 1 页 最前页 前一页 后一页 最末页

海关编码	附加码	货名	进口税%		出口税%	增值税%	消费税		退税%	单位	监管条件
			普通	优惠			从量	从价%			
2008991000		荔枝罐头	90	5	0	13	0	0	13	千克	AB

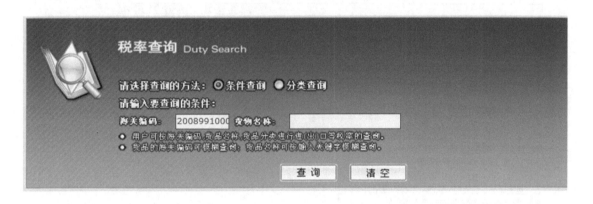

图 8.5

假设工厂报价为 X，则 X＝42.1＋X/1.13×0.13＋5%X，计算得 X＝50.42 元，为了至少获得 10%的利润，则 1.1X＝55.46 元，由于工厂还需花费广告费的费用，故向出口商报价 60 元，如图 8.6 所示。

买 卖 合 同

卖方：开心制造集团
买方：易购进出口贸易公司

合同编号：CONTRACT6666
签订时间：2022-11-15
签订地点：杭州

一、产品名称、品种规格、数量、金额、供货时间：

选择	产品编号	品名规格	计量单位	数量	单价(元)	总金额(元)	交(提)货时间及数量
○	01006	荔枝罐头 每箱24罐，每罐850克	CARTON	10000	60	600000	2022年12月1号前工厂交货
		合计	CARTON	10000		600000	

[添加][修改][删除]

合计人民币(大写)	陆拾万元整
备注	

二、质量要求技术标准、卖方对质量负责的条件和期限：
质量符合国标出口优级品，如因品质问题引起的一切损失及索赔由供方承担，质量异议以本合同产品保质期为限。（产品保质期以商标效期为准）

三、交(提)货地点、方式：
工厂交货

四、交(提)货地点及运输方式及费用负担：
集装箱门到门交货，费用由需方承担。

五、包装标准、包装物的供应与回收和费用负担：
纸箱包装符合出口标准，商标由需方无偿提供。

六、验收标准、方法及提出异议期限：
需方代表按出口优级品检验内在品质及外包装，同时供方提供商检放行单或商检换证凭单。

七、结算方式及期限：
需方凭供方提供的增值税发票以及相应的税收（出口货物专用）缴款书在供方工厂交货后七个工作日内付款。如果供方未将有关票证备齐，需方扣除17%税款支付给供方，等有关票证齐全后结清余款。

八、违约责任：
违约方支付合同金额的15%违约金。

九、解决合同纠纷的方式：
按《中华人民共和国经济合同法》。

十、本合同一式两份，双方各执一份，效力相同。未尽事宜由双方另行友好协商。

卖 方	买 方
单位名称： 开心制造集团	单位名称：
单位地址： 浙江省杭州市萧山区金城路88号	单位地址：
法人代表或委托人： 黄小梦	法人代表或委托人：
电话： 0571-82854299	电话：
统一社会信用代码： 913320100000004460	统一社会信用代码：
开户银行： 绍兴银行	开户银行：
帐号： SIM-180631073	帐号：
邮政编码： 312000	邮政编码：

[打印预览][保存][退出]

图 8.6

8.1.2 外销合同

出口商与进口商达成协议后，由出口商起草外销合同，如图8.7所示。

Easy Buy Trading Co.,Ltd

Jingcheng Road 88 Xiaoshan,Hangzhou,Zhejiang Province,China

SALES CONFIRMATION

Messrs:	HM.Trading Co.,Ltd 114 Old Pittwater Road,Sydney,Australia	No.	CONTRACT3123
		Date:	2022-11-15

Dear Sirs,

We are pleased to confirm our sale of the following goods on the terms and conditions set forth below:

Choice	Product No.	Description	Quantity	Unit	Unit Price [CIF] [ADELAIDE]	Amount
○	01006	CANNED LITCHIS 850Gx24TINS/CTN	10000	CARTON	AUD37.446506	AUD374465.06
		Total:	10000	CARTON		[AUD] [374465.06]

[添加][修改][删除]

Say Total:	SAY TOTAL three hundred and seventy-four thousand four hundred and sixty-five point zero six
Payment:	L/C [ ]
Packing:	Each of the carton should be indicated with Product No.,Name of the Table ,G.W.,and C/NO
Port of Shipment:	SHANGHAI
Port of Destination:	ADELAIDE
Shipment:	All of the goods will be shipped from Shanghai to ADELAIDE before November 20,2022.Partial shipments and transhipment are not allowed
Shipping Mark:	CANNED LITCHIS Australia 850Gx24TINS/CTN MADE IN CHINA
Quality:	As per sample submitted by sellers
Insurance:	The BUYER shall arrange marine insurance covering ALL Risks bearing Institude Cargo Clauses(ALL Risks) Plus institute War Clause (Cargo) for 110% Of CFR value and provide of claim, if any, payable in CHINA,with AUD
Remarks:	The buyer are requested to sign and return one copy of the Sales Confirmation immediately after accepting the same

BUYERS	SELLERS
	Easy Buy Trading Co.,Ltd
	Meng Huang
(Manager Signature)	(Manager Signature)

[打印预览][保存][退出]

图8.7

8.1.3 出口预算表

添加并填写出口预算表(实际上在磋商时就要预算好,即出口预算要在签合同之前将主要的项目要计算好,这里只是将计算好的数字填写,)本例中,出口商报价每单位 22 美元(澳元 37.446506),并与进口商已达成协议,如图 8.8 所示。

出 口 预 算 表

合同号： CONTRACT3123
预算表编号： STEBG000789

（注：本预算表填入的位数全部为本位币）

项目	预算金额	实际发生金额
合同金额	1564178.00	0.00
采购成本	600000.00	0.00
FOB总价	1388025.96	0.00
内陆运费	13552.80	0.00
报检费	200.00	0.00
报关费	200.00	0.00
海运费	161010.80	0.00
保险费	15141.24	0.00
银行费用	2233.43	0.00
其他费用	78408.90	0.00
退税收入	69026.55	0.00
利润	762457.38	0.00

[打印] [保存] [退出]

图 8.8

各个项目的计算过程如下：

(1) 合同金额：合同中是 22×10 000＝220 000(美元)＝1564178 元。

(2) 采购成本：金额在与工厂签订的买卖合同里。采购成本＝600 000 元。

(3) FOB 总价：成交的贸易术语为 CIF,所以合同金额中扣除海运费和保险费即为 FOB 总价。FOB 价＝1 564 178－161 010.80－15 141.24＝1 388 025.96 (元)。

(4) 内陆运费如图 8.9 所示。

进口商费用

检验费	RMB 200.00	每次 ? 元
报关费	RMB 200.00	每次 ? 元
内陆运费	RMB 60.00	每立方米 ? 元
公司综合费用	5.00%	每笔业务成交金额 * ?%

图 8.9

内陆运费 60 元/m³，所以内陆费用＝60×0.022 588×10 000＝13 552.80(元)。

(5) 报检费和报关费在出口商费用中可直接查看，分别为 200 元、200 元，共 400 元。

(6) 海运费：相关运费查询"淘金网"→"运费查询"，输入摩洛哥，即可得知各个港口的运费，如图 8.10 所示。

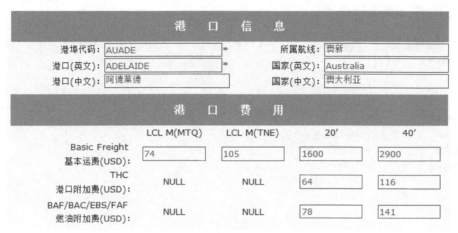

图 8.10

外销合同中可见，货物共有 10 000 箱，货物体积 0.022 588×10 000＝225.88(CBM)，货物毛重 22.44×10 000＝224 400(KGS)＝224.4TNE。

① 用拼箱装时的计算如下。

按体积计算，X_1＝74×225.88＝USD 16 715.12

按重量计算，X_2＝105×224.4＝USD 23 562

比较 X_1、X_2 知，拼箱装时，海运费为 23 562 美元。

② 用整箱装时的计算如下。

由于 20′集装箱的有效容积为 25CBM，限重 17.5TNE，40′集装箱的有效容积为 55CBM，限重 26TNE。

225.88÷25＝9.04(个)；224.4÷17.5＝12.82(个)；集装箱个数为整数，故需要 13 个 20′的集装箱，海运费为(1 600＋64＋78)×13＝USD 22 646。

225.88÷55＝4.11(个)；224.4÷26＝8.63(个)；集装箱个数为整数，故需要 9 个 40′的集装箱，海运费为(2 900＋116＋141)×9＝USD 28 413。

比较可知，用 13 个 20′集装箱比较便宜。

综上比较(1)、(2)可知，USD23 562＞USD22 646，所以选用 13 个 20′的集装箱时，海运费便宜，所以本次交易中最终海运费为 22 646 美元，即为 161 010.80 元。

 **特别提示**

出口商计算运费时，为了使自身成本更低，需要在"运费查询"中，选择一个费用最低的港口，然后通过计算得到费用最低的装运方式。若整箱装的比较划算，则考虑使用哪种集装箱时，不仅要考虑商品的

体积必须在对应集装箱的有效容积之内,还得考虑商品的重量在对应集装的限重之内。由于系统的局限性,一批货物只能使用一种集装箱。比如,单从体积看,采用整箱装,则225.88CBM的商品只需4个40'货柜和1个20'货柜的组合,而系统只能自动提供5个40'货柜,明显与现实中成本最小化的原则是不符的,所以,学生计算时必须注意这一点。

(7) 保险费如图8.11所示。

中文名称	英文名称	加保条件	保险费率(%)
中国保险条款的险别			
一切险	ALL RISKS		0.8
水渍险	W.P.A./W.A.		0.6
平安险	F.P.A.		0.5
伦敦协会货物险条款			
协会货物(A)险条款	ICC CLAUSE A		0.8
协会货物(B)险条款	ICC CLAUSE B		0.6
协会货物(C)险条款	ICC CLAUSE C		0.5
特别附加险			
战争险	WAR RISKS	A、B、C 或 AR、WA、FPA	0.08

图8.11

保险金额=CIF 货价×(1+保险加成率)=(22×10 000×7.1099)×(1+10%)=1 720 595.8(元)。保险费=保险金额×保险费率=1 720 595.8×0.88%=15 141.24 (元)(此处保险费率在"淘金网"→"保险费"中,ICC(A)为0.8%,战争险0.08%,所以为0.88%)。

(8) 银行费用:在"淘金网"的"其他费用"中,如图8.12所示。

出口地银行费用		
信用证通知费	RMB 200.00 每次 ? 元	
信用证修改通知费	RMB 100.00 每次 ? 元	
信用证议付费	0.13% 每笔业务成交金额 * ?%, 最低人民币200元	
托收手续费	0.10% 每笔业务成交金额 * ?%, 最低人民币100元, 最高人民币2000元	

图8.12

出口地银行费用中有信用证议付费为每笔成交金额的 0.13%,所以银行议付费用为220 000×7.1099×0.13%=2 033.43(元)>200 元,假定一次信用证通知费 200 元,无信用证修改通知费,则银行费用总额为2233.43 元。

(9) 其他费用:在出口商费用中,公司综合费用为总金额的5%,证明书费200 元,所以公司综合费用为220 000×7.1099×5%+200=78 408.9 (元),。

(10) 退税收入:在"淘金网"→"税率查询"中,输入商品的海关代码(该代码可在商品的详细情况中查看),可查看到该商品的退税率、消费税率和增值税率,如图 8.13 所示。

第 8 章 信用证结算方式下的合同履行

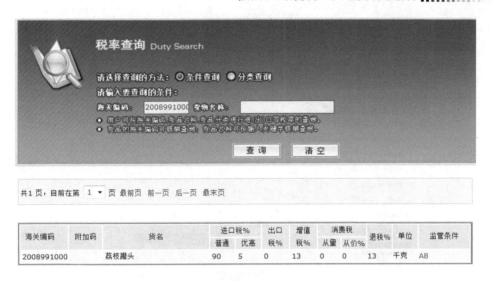

图 8.13

商品出口退税收入＝应退增值税＋应退消费税＝采购成本/(1＋增值税率)
×出口退税率＋采购成本×消费税税率
＝600 000/1.13×13%＝69 026.55(元)。

(11) 利润：利润＝合同金额＋退税收入－采购成本－内陆运费－报检费－报关费－海运费－保险费－银行费用－其他费用＝1 564 178＋69 026.55－600 000－13 552.80－200－200－161 010.80－15 141.24－2 233.43－78 408.9＝762 457.38(元)。

合同送进口商等待进口商确认，进口商确认合同后合同进入履约阶段。

等待进口商开来信用证。由出口地银行通知信用证。

8.1.4 来自出口地银行的邮件

出口商登录界面后，看到一封来自出口地银行的邮件(图 8.14)，即为进口地银行开来不可撤销信用证(详见第 2 节进口商操作步骤之三添加并填写信用证)，出口商对照合同确认无误后接受信用证。

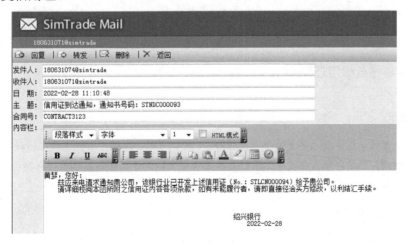

图 8.14

(1) 出口商回到"业务中心"，选择"出口地银行"中的"信用证业务"，如图 8.15 所示。

图 8.15

(2) 选择"信用证通知书"，单击"接受"按钮，如图 8.16 所示。

图 8.16

(3) 审核与修改信用证(方法)。

特别提示

若进口商开立信用证申请书并发送进口地银行后，进口地银行审核信用证申请书错误之处或者进口商发现信用证有错误，则进口商需在进口地银行要求进口商确认其开立的信用证时，添加"信用证修改书"，填好并确认无误后，再次发送给进口地银行确认修改。

8.1.5 货物出运委托书

添加并填写"货物出运委托书"。同第 6 章出口商第一步操作方法相同，添加并填写"货物出运委托书",如图 8.17 和图 8.18 所示。

货物出运委托书									
(出口货物明细单) 日期:2022-11-15				合同号	CONTRACT3123		运输编号		
				银行编号			信用证号	STLCN000094	
根据《中华人民共和国合同法》与《中华人民共和国海商法》的规定,就出口货物委托运输事宜订立本合同。				开证银行					
托运人	易购进出口贸易公司 中国浙江省杭州市萧山区金城路88路			付款方式	L/C				
				贸易性质	一般贸易		贸易国别	AUSTRALIA	
抬头人	to order			运输方式	海运		消费国别	AUSTRALIA	
				装运期限	2022-11-15		出口口岸	SHANGHAI	
通知人	HM.Trading Co.,Ltd 114 Old Pittwater Road,Sydney,Australia			有效期限	2022-11-15		目的港	ADELAIDE	
				可否转运	NO		可否分批	NO	
				运费预付	YES		运费到付	NO	

选择	标志唛头	货名规格	件数	数量	毛重	净重	单价	总价
○	CANNED LITCHIS Australia C/NO 1-10000 MADE IN CHINA	荔枝罐头 每箱24罐,每罐850克	10000CARTON	10000CARTON	224400KGS	204000KGS	AUD37.446506	AUD374465.06
		TOTAL:	[10000] [CARTON]	[10000] [CARTON]	[224400] [KGS]	[204000] [KGS]		[AUD] [374465.05]

[添加] [修改] [删除]

图 8.17

注意事项		FOB价	[RMB] [1388025.96]	
		总体积	[225.88] [CBM]	
	保险单	险别	一切险 战争险	
		保额	[RMB] [1720595.8]	
		赔偿地点		
	统一社会信用代码	9133201000000044!		
	制单员			

受托人(即承运人)   委托人(即托运人)
名称: 名称: 易购进出口贸易公司
电话: 电话: 0571-82854269
传真: 传真: 0571-82854269
委托代理人: 委托代理人: 黄梦

[打印预览] [保存] [退出]

图 8.18

8.1.6 洽订舱位

指定船公司并洽订舱位。回到"业务中心",单击"船公司"按钮,单击"指定船公司"按钮,然后"洽订舱位",单击"确定"按钮即可,如图 8.19 至图 8.20 所示。

图 8.19

图 8.20

8.1.7 出口报检

出口报检,方法同第 6 章。下面是报检单、商业发票、装箱单,如图 8.21 至图 8.23 所示。

出口商填好上述单据后,回到业务中心的"检验机构",选择"申请报检",选择单据"销售合同""商业发票""装箱单""出境货物检验检疫申请"和"信用证"进行报检。

中华人民共和国出入境检验检疫

出境货物检验检疫申请

申请单位(加盖公章):	易购进出口贸易公司			*编 号	STEPC000622
申请单位登记号:	9133201000000	联系人: 黄梦	电话: 0571-82854269	申请日期:	2022年11月15日

发货人	(中文)	易购进出口贸易公司
	(外文)	Easy Buy Trading Co.,Ltd
收货人	(中文)	
	(外文)	HM.Trading Co.,Ltd.

选择	货物名称(中/外文)	H.S.编码	产地	数/重量	货物总值	包装种类及数量
○	荔枝罐头/CANNED LITCHIS	2008991000	中国	10000CARTON	AUD374465.06	10000CARTON

[添加] [修改] [删除]

运输工具名称号码	Zaandam/DY105-10	贸易方式	一般贸易	货物存放地点	SHANGHAI CY
合同号	CONTRACT3123	信用证号	STLCN000094	用途	
发货日期	2022-11-15	输往国家(地区)	澳大利亚	许可证/审批号	
启运地	上海港	到达口岸	阿德莱德	生产单位注册号	
集装箱规格、数量及号码	20'x13				

合同、信用证订立的检验检疫条款或特殊要求	标记及号码	随附单据(划"√"或补填)	
	CANNED LITCHIS Australia C/NO 1-10000 MADE IN CHINA	☑合同 ☑信用证 ☑发票 ☑装箱单 ☐厂检单 ☐包装性能结果单	☐许可/审批文件 ☐报检委托书 ☐其他单据 ☐ ☐

需要证单名称(划"√"或补填)		*检验检疫费	
☐品质证书 ___0___正 ___0___副 ☐重量证书 ___0___正 ___0___副 ☐数量证书 ___0___正 ___0___副 ☐兽医卫生证书 ___0___正 ___0___副 ☐健康证书 ___0___正 ___0___副 ☐卫生证书 ___0___正 ___0___副 ☐动物卫生证书 ___0___正 ___0___副	☐植物检疫证书 ___0___正 ___0___副 ☐熏蒸/消毒证书 ___0___正 ___0___副 ☑通关单 ☐_____ ☐_____	总金额 (人民币元)	0
		计费人	
		收费人	

申请人郑重声明:
　　1.本人被授权申请检验检疫。
　　2.上列填写内容正确属实,货物无伪造或冒用他人的厂名、标志、认证标志,并承担货物质量责任。

　　　　　　　签名: 黄梦

领 取 证 单	
日期	
签名	

注: 有"*"号栏由海关填写

图 8.21

ISSUER Easy Buy Trading Co.,Ltd Jingcheng Road 88 Xiaoshan,Hangzhou,Zhejiang Province,China			装 箱 单 PACKING LIST			
TO HM.Trading Co.,Ltd. 114 Old Pittwater Road,Sydney,Australia			INVOICE NO. STINV000711		DATE 2022-11-15	
Choice	Marks and Numbers	Description of goods	Package	G.W	N.W	Meas.
○	CANNED LITCHIS Australia C/NO 1-10000 MADE IN CHINA	CANNED LITCHIS 850G×24TINS/CTN	10000CARTON	224400KGS	204000KGS	225.88CBM
		Total:	[10000 [CARTON	][224400][KGS	][204000][KGS	][225.88]][CBM]

SAY TOTAL:　SAY AUD three hundred and seventy-four thousand four hundred and sixty-five point zero six

(写备注处)

Easy Buy Trading Co.,Ltd(公司名称)
Meng Huang(法人签名)

[打印预览][保存][退出]

图 8.22

ORIGINAL	
1.Exporter Easy Buy Trading Co.,Ltd Jingcheng Road 88 Xiaoshan,Hangzhou, Zhejiang Province, China CHINA	Certificate No. STCOC000676 **CERTIFICATE OF ORIGIN** **OF** **THE PEOPLE'S REPUBLIC OF CHINA**
2.Consignee HM.Trading Co.,Ltd. 114 Old Pittwater Road,Sydney,Australia Australia	
3.Means of transport and route From Shanghai to Adelaide on November 15,2022 By Vessle	5.For certifying authority use only
4.Country / region of destination Australia	

Choice	6.Marks and numbers	7.Number and kind of packages; description of goods	8.H.S.Code	9.Quantity	10.Number and date of invoices
○	CANNED LITCHIS Australia 850Gx24TINS/CTN MADE IN CHINA	10000CARTONS CANNED LITCHIS 850Gx24TINS/CTN	2008991000	10000CARTON	STINV000711 2022-11-15

[添 加] [修 改] [删 除]

SAY TOTAL: SAY AUD three hundred and seventy-four thousand four hundred and sixty-five point zero six

(写备注处)

11.Declaration by the exporter The undersigned hereby declares that the above details and statements are correct, that all the goods were produced in China and that they comply with the Rules of Origin of the People's Republic of China. Place and date, signature and stamp of authorized signatory	12.Certification It is hereby certified that the declaration by the exporter is correct. Place and date, signature and stamp of certifying authority

[打印预览] [保存] [退出]

图 8.23

8.1.8 添加并填写产地证

添加并填写产地证，方法同第 6 章，如图 8.24 所示。

ORIGINAL

1.Exporter Easy Buy Trading Co.,Ltd Jingcheng Road 88 Xiaoshan,Hangzhou, Zhejiang Province, China CHINA	Certificate No. STCOC000676
2.Consignee HM.Trading Co.,Ltd. 114 Old Pittwater Road,Sydney,Australia Australia	**CERTIFICATE OF ORIGIN** **OF** **THE PEOPLE'S REPUBLIC OF CHINA**
3.Means of transport and route From Shanghai to Adelaide on November 15,2022 By Vessle	5.For certifying authority use only
4.Country / region of destination Australia	

Choice	6.Marks and numbers	7.Number and kind of packages; description of goods	8.H.S.Code	9.Quantity	10.Number and date of invoices
○	CANNED LITCHIS Australia 850Gx24TINS/CTN MADE IN CHINA	10000CARTONS CANNED LITCHIS 850Gx24TINS/CTN	2008991000	10000CARTON	STINV000711 2022-11-15

[添 加] [修 改] [删 除]

SAY TOTAL: SAY AUD three hundred and seventy-four thousand four hundred and sixty-five point zero six

(写备注处)

11.Declaration by the exporter The undersigned hereby declares that the above details and statements are correct, that all the goods were produced in China and that they comply with the Rules of Origin of the People's Republic of China.	12.Certification It is hereby certified that the declaration by the exporter is correct.
Place and date, signature and stamp of authorized signatory	Place and date, signature and stamp of certifying authority

[打印预览] [保存] [退出]

图 8.24

填好原产地证明书后，回到"业务中心"的"检验机构"，单击"申请产地证"按钮，选择"原产地证明书"，单击"确定"按钮。

特别提示

此步骤不能忽略，它将直接影响出口预算表中的其他费用(证明书费)和利润。

8.1.9 投保

到保险公司投保。添加并填写投保单，保存后，从业务中心进入保险公司，单击"办理保险"按钮，选中所需要的单据，单击"办理保险"按钮即可，如图 8.25 所示。

货 物 运 输 保 险 投 保 单

投保人：	易购进出口贸易公司		投保日期：	2022-11-15

发票号码	STINV000711	投保条款和险别
被保险人	客户抬头 易购进出口贸易公司 过户 HM.Trading Co.,Ltd.	（　）PICC CLAUSE （√）ICC CLAUSE （　）ALL RISKS （　）W.P.A./W.A. （　）F.P.A （√）WAR RISKS （　）S.R.C.C （　）STRIKE
保险金额	[AUD　　][411911.56544013781　]	（√）ICC CLAUSE A
启运港	SHANGHAI	（　）ICC CLAUSE B
目的港	ADELAIDE	（　）ICC CLAUSE C
转内陆		（　）AIR TPT ALL RISKS
		（　）AIR TPT RISKS
开航日期	2022-11-15	（　）O/L TPT ALL RISKS
船名航次	Zaandam/DY105-10	（　）O/L TPT RISKS
		（　）TRANSHIPMENT RISKS
		（　）W TO W
赔款地点	ADELAIDE	（　）T.P.N.D.
赔付币别	AUD	（　）F.R.E.C.
		（　）R.F.W.D.
保单份数	2	（　）RISKS OF BREAKAGE
		（　）I.O.P.
其它特别条款		
以下由保险公司填写		
保单号码		签单日期

[打印预览] [保存] [退出]

图 8.25

填写货物运输投保单后，到"业务中心"的"保险公司"界面，选择"货物运输投保单"和"商业发票"，单击"办理保险"按钮即可。

8.1.10 出口报关

出口报关，方法同前章。填好报关单（图 8.26）后，回到"海关"界面，先"送货"，再选择"商业发票""装箱单""出口货物报关单"，单击"报关"按钮即可。

出口货物报关单

预录入编号：　　　　海关编号：　　　　页码/页数：

境内发货人 易购进出口贸易公司 913320100000004450	出境关别 Shanghai Port	出口日期 2022-11-15	申报日期 2022-11-15	备案号
境外收货人 HM.Trading Co.,Ltd.	运输方式 江海运输	运输工具名称及航次号 Zaandam/DY105-10	提运单号	
生产销售单位 易购进出口贸易公司 913320100000004450	监管方式 一般贸易	征免性质 一般征税	许可证号	
合同协议号 CONTRACT3123	贸易国(地区) 澳大利亚	运抵国(地区) 澳大利亚	指运港 阿德莱德	离境口岸 上海港

包装种类 CARTON	件数 10000	毛重(千克) 224400	净重(千克) 204000	成交方式 1	运费 [AUD]/[46.07153288]	保费 [AUD]/[24.821775873]	杂费 [ ]/[ ]

随附单据及编码

标记唛码及备注　C/NO 1-10000
MADE IN CHINA

选择	项号	商品编号	商品名称及规格型号	数量及单位	单价	总价	币制	原产国(地区)	最终目的国(地区)	境内货源地	征免
◎	1	2008991000	荔枝罐头 每箱24罐，每罐850克	10000CARTON	37.446506	374465.06	AUD	中国	澳大利亚	上海港	照章征税

[添 加][修 改][删 除]

报关人员　黄梦　　报关人员证号　　电话	兹申明对以上内容承担如实申报、依法纳税之法律责任	海关批注及签章
申报单位　易购进出口贸易公司 913320100000004450	申报单位（签章）	

图 8.26

8.1.11 装船通知

报关(出运)完成后,出口商应立即到船公司取提单并向进口商发送装船通知。

首先到船公司取回提单,然后添加并填写"SHIPPING ADVICE"(装船通知),后发送装船通知,同前出口商此处操作方法相同,如图 8.27 所示。

SHIPPING ADVICE

Messrs.
HM.Trading Co.,Ltd.
114 Old Pittwater Road,Sydney,Australia

Invoice No.　STINV000711
Date:　2022-11-15

Particulars
1. L/C No.　STLCN000094
2. Purchase order No.　CONTRACT3123
3. Vessel:　Zaandam/DY105-10
4. Port of Loading:　Shanghai
5. Port of Dischagre:　Adelaide
6. On Board Date:　2022-11-15
7. Estimated Time of Arrival:　2022-11-20
8. Container:　20' x 13
9. Freight:　[AUD]　[38546.071532881659]
10. Description of Goods:
CANNED LITCHIS
850Gx24TINS/CTN

11. Quantity:[10000　　　] [CARTON　]
12. Invoice Total Amount:　[AUD　　] [374465.06　　　　]

Documents enclosed
1. Commercial Invoice:　3
2. Packing List:　3
3. Bill of Lading:　3/3
4. Insurance Policy:　2

Very truly yours,
Easy Buy Trading Co.,Ltd
Meng Huang
Manager of Foreign Trade Dept.

打印预览　保存　退出

图 8.27

出口商填好装船通知后，回到"船公司"，单击"发送装船通知"按钮给进口商。

8.1.12 汇票

添加并填写"汇票"，如图 8.28 所示。

```
                        BILL OF EXCHANGE
  No. STDFT000452                        Dated 2022-11-20
  Exchange for  AUD      374465.06
           At  30 days after B/L date ▼  Sight of this  FIRST  of Exchange
  (Second of exchange being unpaid)
  Pay to the Order of   Bank of Shaoxing
  the sum of  AUD three hundred and seventy-four thousand four hundred and sixty-five point zero six
  Drawn under L/C No.  STLCN000094        Dated 2022-11-20
  Issued by  Commonwealth Bank of Australia
  To  Commonwealth Bank of Australia
      114 Old Pittwater Road,Sydney,Australia
                                       Easy Buy Trading Co.,Ltd
                                       (Authorized Signature)
```

[打印预览] [保存] [退出]

图 8.28

8.1.13 向出口地银行交单押汇(议付)

出口押汇又称买单结汇/议付，是指议付行在审单无误情况下，按信用证条款买入受益人(出口商)的汇票和单据，从票面金额中扣除从议付日到估计收到票款之日的利息，将余款按议付日外汇牌价折成人民币，划拨给出口商。议付行向受益人垫付资金买入跟单汇票后，即成为汇票正当持有人，可凭票向付款行索取票款，但是如果付款行判断单证不符拒付，议付行有追索权，可以向出口商要回已付款项。银行为出口商提供资金融通，有利于出口商的资金周转。

从"业务中心"进入出口地银行，单击"押汇"按钮选中所需要的单据(商业发票、汇票、装箱单、海运提单、货物运输保险单、原产地证明书)，单击"押汇"按钮即可。

8.1.14 结汇

待银行审单发送后，到银行办理结汇。选择"业务中心""出口地银行""结汇"。

8.1.15 到外管局办理国际收支网上申报

出口商办理"国际收支网上申报"，进入"外汇管理局"，登录后，点击"国际收支网上申报系统（企业版）"，完成申报，如图 8.29 所示。

第 8 章 信用证结算方式下的合同履行

[国际收支网上申报系统（企业版）界面截图]

图 8.29

8.1.16 出口退税

到国税局办理出口退税，选中所需要的单据(出口货物报关单、商业发票)，单击"退税"按钮即可。至此，信用证结算方式下出口商的工作全部完成。

特别提示

在填写单据中涉及的海运费需用美元填写，而出口预算表中的海运费则需化成人民币计算。另外，保额和保险费务必严格区分，投保金额＝CIF 价×110%，而保险费＝投保金额×保险费率，并且在单据中用美元计价，出口预算表中用人民币计算。请学生务必不要混淆了。

8.2 进口商操作步骤

8.2.1 确认合同

首先要进行相关合同的确认。

8.2.2 进口预算表

添加并填写进口预算表(同上，实际上在签订合同之前大部分预算已经完成，如图 8.30 所示。各个项目的计算过程如下：
(1) 合同金额：合同以美元计价，为 22×10 000＝220 000(美元)=AUD 374 465.06。
(2) CIF 总价：结算方式为 L/C＋CIF，CIF 总价＝USD220 000 =AUD 374 465.06。

进 口 预 算 表

合同号： CONTRACT3123
预算表编号： STIBG000742　　　　　　　　　　　　（注：本预算表填入的位数全部为本位币）

项目	预算金额	实际发生金额
合同金额	374465.06	0.00
CIF总价	374465.06	0.00
内陆运费	3244.55	0.00
报检费	47.88	0.00
报关费	47.88	0.00
关税	18723.25	0.00
增值税	51114.48	0.00
消费税	0	0.00
海运费	0	0.00
保险费	0	0.00
银行费用	1048.5	0.00
其他费用	18723.25	0.00

[打印] [保存] [退出]

图 8.30

（3）内陆运费：内陆运费＝总体积×60÷4.1771＝10 000×0.022 588×60÷4.1771=AUD 3 244.55。

（4）报关费＝报检费＝200÷4.1771＝AUD47.88。

（5）关税：在"淘金网"→"税率查询"中，输入商品的海关代码(该代码可在商品的详细情况中查看)，可查看到该商品的进口税率、消费税率和增值税率，如图 8.31 所示。

图 8.31

进口关税＝CIF 总价×5%＝374 465.06×5%＝AUD18 723.25。

(6) 增值税：如果一笔合同涉及多项商品，则须分别计算，再累加。

$$\begin{aligned}增值税&=(CIF 总价＋进口关税税额＋消费税税额)×增值税率\\&=(374\ 465.06＋18\ 723.25)×13\%\\&=AUD\ 51\ 114.48。\end{aligned}$$

(7) 消费税＝0。

(8) 海运费＝0。

(9) 保险费＝0。

(10) 银行费用如图 8.32 所示。

进口地银行费用	
信用证开证手续费	0.15% 每笔业务成交金额 * ?%，最低人民币200元
信用证修改手续费	RMB 200.00 每次 ? 元
信用证付款手续费	0.13% 每笔业务成交金额 * ?%，最低人民币200元
托收手续费	0.10% 每笔业务成交金额 * ?%，最低人民币100元，最高人民币2000元
电汇手续费	0.08% 每笔业务成交金额 * ?% 最低50元，最高1000元

图 8.32

L/C 方式下：在"淘金网"的"其他费用"页中查得开证手续费率 0.15%(最低 200 元)、修改手续费率 200RMB/次、付款手续费率 0.13%(最低 200 元)、D/A 费率 0.1%(最低 100 元，最高 2 000 元)、D/P 费率 0.1%(最低 100 元，最高 2000 元)、T/T 费率 0.08%。

$$开证手续费＝374465.06×0.15\%＝AUD561.70>RMB\ 200$$
$$付款手续费＝374465.06×0.13\%＝AUD486.80>RMB\ 200$$

因此，按照原来的澳元计算，银行费用＝561.70＋486.80＝AUD1 048.5。

(11) 其他费用＝合同金额×5%＝374 465.06×5%＝AUD 18 723.25。

8.2.3 添加并填写信用证申请书

(1) 回到"业务中心"选择"进口地银行"，单击"信用证业务""添加信用证申请书"按钮，如图 8.33 所示。

(2) 在查看单据列表填写"信用证申请书"，如图 8.34 至图 8.35 所示。

(3) 进口商回到"进口地银行"，选择"信用证业务"，选择填好的信用证，单击"发送申请书"按钮，如图 8.36 所示。

至此，进口商的工作告一段落，等待进口地银行开证。

等待(此时进口地银行(开证行)登录操作开证，参见本章银行操作部分)。

图 8.33

图 8.34

第 8 章 信用证结算方式下的合同履行

```
Documents required: (marked with X)
1.( X ) Signed commercial invoice in      3         copies indicating L/C No.              and Contract No.   CONTRACT3123
2.( X ) Full set of clean on board Bills of Lading made out to order and blank endorsed, marked "freight [      ] to collect / [ X ]
        prepaid [    ] showing freight amount" notifying    THE APPLICANT
   (    ) Airway bills/cargo receipt/copy of railway bills issued by                        showing "freight [      ] to collect/ [    ]
        prepaid [    ] indicating freight amount" and consigned to
3.( X ) Insurance Policy/Certificate in    2    copies for  110     % of the invoice value showing claims payable in   CHINA        in
        currency of the draft, blank endorsed, covering    ALL RISKS AND WAR RISKS
4.( X ) Packing List/Weight Memo in    3      copies indicating quantity, gross and weights of each package.
5.(    ) Certificate of Quantity/Weight in              copies issued by
6.(    ) Certificate of Quality in              copies issued by [     ] manufacturer/[     ] public recognized surveyor
7.( X ) Certificate of Origin in    3     copies issued by  THE AUTHORITY
8.(    ) Beneficiary's certified copy of fax / telex dispatched to the applicant within            hours after shipment advising L/C N
        of vessel, date of shipment, name, quantity, weight and value of goods.
Other documents, if any

Description of goods:
01006 CANNED LITCHIS 850Gx24TINS/CTN
QUANTITY:10000 CARTON
PRICE:AUD 37.446506/CTN

Additional instructions:
1.(    ) All banking charges outside the opening bank are for beneficiary's account.
2.( X ) Documents must be presented within     15      days after date of issuance of the transport documents but within the validity
        of this credit.
3.(    ) Third party as shipper is not acceptable, Short Form/Blank B/L is not acceptable.
4.(    ) Both quantity and credit amount              % more or less are allowed.
5.(    ) All documents must be forwarded in
   (    ) Other terms, if any
```

> 信用证业务是纯单据业务，注意单据的份数要求，系统在这里检查不出是否正确，需要按现实中要求操作。

> 原产地证明书一般由出口国的公证行或工商机构签发。

图 8.35

图 8.36

8.2.5 确认信用证

(1) 登录进口商的邮件界面，右下方出现邮件提醒，如图 8.37 所示。

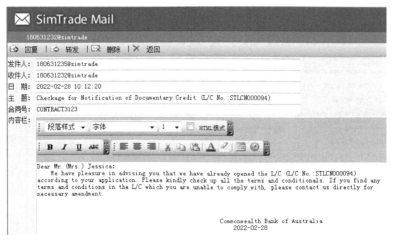

图 8.37

(2) 到"业务中心"选择"进口地银行"和"信用证业务",选择待"等待确认"的信用证,对照合同无误后单击"同意"按钮,如图 8.38 和图 8.39 所示。

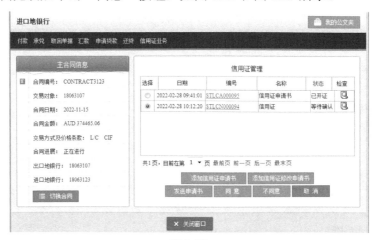

图 8.38

图 8.39

8.2.6 付款取单

(1) 登录进口商界面，会收到进口地银行发来的邮件提醒，如图 8.40 所示。
至此，进口商的工作告一段落，接下来等出口商准备好相关单据(参见出口商操作部分)。又是漫长的等待(可以继续做其他交易)。

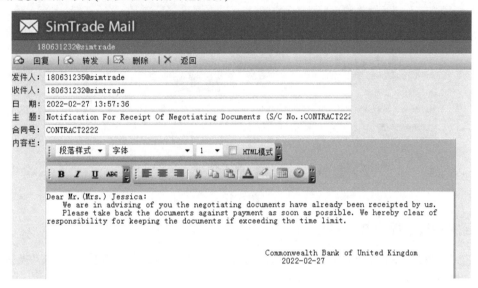

图 8.40

(2) 到"业务中心"选择"进口地银行"，单击"付款"和"取回单据"按钮，如图 8.41 和图 8.42 所示。

图 8.41

图 8.42

8.2.7 到船公司换提货单

填完进口报关单后,回到"业务中心"界面,进入"船公司"界面,单击"换提货单"按钮。如图 8.43 所示。

图 8.43

8.2.8 进口报检

(1) 填写并添加"入境货物报检单",如图 8.44 所示。

(2) 到"业务中心"里的"海关",选择单据"销货合同""商业发票""装箱单""提货单""入境货物检验检疫申请",单击"报检"按钮,如图 8.45 所示。

第 8 章

信用证结算方式下的合同履行

出入境检验检疫

入境货物检验检疫申请

申请单位（加盖公章）：	HM.trading Co.,Ltd.			*编　号	STIPC000607
申请单位登记号：	9133201000000	联系人 Jessica	电话 0044-20-12345(	申请日期：	2022 年 11 月 20 日

收货人	（中文）		企业性质（划"√"）	□含资	□合作	□外资
	（外文）	HM.trading Co.,Ltd.				
发货人	（中文）	易购进出口贸易公司				
	（外文）	Easy Buy Trading Co.,Ltd				

选择	货物名称（中/外文）	H.S.编码	原产国(地区)	数/重量	货物总值	包装种类及数量
⊙	荔枝罐头 CANNED LITCHIS	2008991000	CHINA	10000CARTON	AUD374465.06	10000CARTON

[添 加][修 改][删 除]

运输工具名称号码	Zaandam/DY105-10			合　同　号	CONTRACT3123
贸易方式	1	贸易国别(地区)	中国	提单/运单号	STBLN000704
到货日期	2022-11-15	启运国家(地区)	中国	许可证/审批号	
卸毕日期	2022-11-15	启运口岸	上海港	入境口岸	阿德莱德
索赔有效期至	2022-12-31	经停口岸		目的地	澳大利亚

集装箱规格、数量及号码				
合同订立的特殊条款 以及其他要求			货物存放地点	SHANGHAI CY
			用途	

☑合同 ☑发票 ☑提/运单 □兽医卫生证书 □植物检疫证书 □动物检疫证书 □卫生证书 □原产地证 □许可/审批文件	□到货通知 ☑装箱单 □质保书 □理货清单 □磅码单 □验收报告 □无木质包装证明 □报检委托书 □合格保证	CANNED LITCHIS Australia 850Gx24TINS/CTN MADE IN CHINA	*检验检疫费	
			总金额 （人民币元）	0
			计费人	
			收费人	

申请人郑重声明： 1.本人被授权申请检验检疫。 2.上列填写内容正确属实。 签章 Jessica	领取证单
	日期
	签名

注：有"*"号栏由海关填写

图 8.44

图 8.45

8.2.9　进口报关

（1）添加并填写"进口货物报关单"，如图 8.46 所示。

进口货物报关单

预录入编号：　　　　　　海关编号：　　　　　　　　　　　　　　　　　　　　　　　　页码/页数：

境内收货人	进境关别	进口日期	申报日期	备案号
HM.Trading Co.,Ltd. 91332010000005170	阿德莱德	2022-11-15	2022-11-15	
境外发货人	运输方式	运输工具名称及航次号	提运单号	货物存放地点
Easy Buy Trading Co.,Ltd	江海运输	Zaandam/DY105-10		
消费使用单位	监管方式	征免性质	许可证号	启运港
HM.Trading Co.,Ltd. 91332010000005170	一般贸易	一般征税		上海港
合同协议号	贸易国（地区）	启运国（地区）	经停港	入境口岸
CONTRACT3123	中国	中国	上海港	阿德莱德
包装种类	件数	毛重（千克）	净重（千克）	成交方式	运费	保费	杂费
CARTON	10000	224400	204000	1	[ ][0	[ ][0	[ ][0

随附单据及编码：

标记唛码及备注：
CANNED LITCHIS
Australia

项号	商品编号	商品名称及规格型号	数量及单位	单价	总价	币制	原产国（地区）	最终目的国（地区）	境内目的地	征免
1	2008991000	CANNED LITCHIS 850G×24TINS/CTN	10000CARTON	37.446506	374465.06	AUD	CHINA	AUSTRALIA		一般征免

兹声明以上内容承担如实申报，依法缴税之法律责任　　　　　　　　　　　　海关批注及签章

报关人员	Jessica	报关人员证号		电话			
申报单位	HM.Trading Co.,Ltd. 91332010000005170						

单位地址
申报单位（签章）

[录入][修改][复核]

图 8.46

(2) 到"业务中心"里的海关。选择"销货合同""商业发票""装箱单""提货单""进口货物报关单",单击"报关"按钮,如图 8.47 所示。

图 8.47

(3) 单击"缴税"按钮,缴纳税款,如图 8.48 所示。

图 8.48

(4) 再单击"提货"按钮,领取货物,如图 8.49 所示。
(5) 回到主页面选择"库存",查看库存,如图 8.50 所示。

图 8.49

图 8.50

8.2.10 到外管局办理外汇监测系统网上申报

(1)从"业务中心"进入"外管局"界面，单击"货物贸易外汇检测系统（企业版）"按钮，选中后"新增"，填写好表格，如图 8.51 所示。

图 8.51

8.2.11 销货

到"业务中心"选择"市场",选择编号为 01006 的产品,单击"确定"按钮即可销售货物,如图 8.52 至图 8.54 所示。

图 8.52

图 8.53

图 8.54

8.2.12 收支

回到主页面选择"财务",查看收支,如图 8.55 所示。

图 8.55

至此，信用证结算方式下进口商的工作全部完成。

特别提示

在 L/C 方式下，需在开信用证前，领取贸易进口核销单，在其他方式下，则在付款前领单，外贸流程可以在系统主界面的"帮助"提示下，逐条操作。

8.3 银行操作步骤

在信用证方式下，要严格按照前面的流程图操作，最先出场的银行应该是进口地银行(开证行)，然后是出口地银行(通知行)，然后又最终回到进口地银行(付款行)。这里为叙述方便，将出口地银行和进口地银行的操作步骤汇总叙述。

8.3.1 出口地银行

首先，进口地银行开证后会将信用证发给出口地银行要求其通知出口商(参见本节进口地银行部分)。

(1) 出口地银行登录后，会看到一封来自进口地银行的邮件，告知要求其通知信用证，如图 8.56 所示。

图 8.56

(2) 在主页面上，出口地银行单击最上排第四项"信用证"（L/C）按钮，出现如图 8.57 所示的界面。

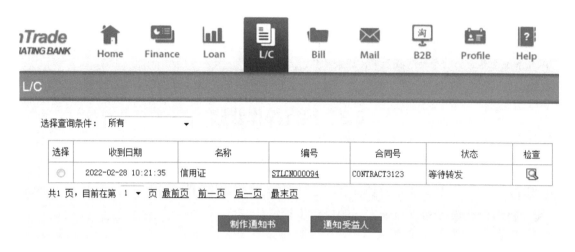

图 8.57

(3) 选中该项业务，单击"制作通知书"按钮，如图 8.58 所示。

(4) 关闭窗口后，单击信用证通知书的编号，然后将其填写完整并保存，如图 8.59 所示。

图 8.58

第 8 章
信用证结算方式下的合同履行

绍兴银行
Bank of Shaoxing

Jingcheng Road 88 Xiaoshan,Hangzhou,Zhejiang Province,China
FAX:0571-82854269

信 用 证 通 知 书
NOTIFICATION OF DOCUMENTARY CREDIT

日期:2023-1-19

TO 致:	WHEN CORRESPOND NG
Easy Buy Trading Co.,Ltd Jingcheng Road 88 Xiaoshan,Hangzhou,Zhejiang Province,China	PLEASE QUOTE OUT REF NO.

ISSUING BANK 开证行	TRANSMITTED TO US THROUGH 转递行
Commonwealth Bank of Australia 114 Old Pittwater Road,Sydney,Australia	开证日期与信用证中日期一致。

L/C NO.信用证号	DATED 开证日期	AMOUNT 金额	EXPIRY PLACE 有效地
STLCN000094	221115	[AUD] [374465.06]	THE BENEFICIARY'S COUNTRY
EXPIRY DATE 有效期	TENOR 期限	CHARGE 未付费用	CHARGE BY 费用承担人
221120	15	RMB0.00	BENE
RECEIVED VIA 来证方式	AVAILABLE 是否生效	TEST/SIGN 印押是否相符	CONFIRM 我行是否保兑
SWIFT	VALID	YES	NO

DEAR SIRS 敬启者:
WE HAVE PLEASURE IN ADVISING YOU THAT WE HAVE RECEIVED FROM THE A/M BANK A(N) **LETTER OF CREDIT**, CONTENTS OF WHICH ARE AS PER ATTACHED SHEET(S).
THIS ADVICE AND THE ATTACHED SHEET(S) MUST ACCOMPANY THE RELATIVE DOCUMENTS WHEN PRESENTED FOR NEGOTIATION.
兹通知贵公司,我行收自上述银行信用证一份,现随附通知。贵司交单时,请将本通知书及信用证一并提示。

REMARK 备注:
 PLEASE NOTE THAT THIS ADVICE DOES NOT CONSTITUTE OUR CONFIRMATION OF THE ABOVE L/C NOR DOES IT CONVEY ANY ENGAGEMENT OR OBLIGATION ON OUT PART.

THIS L/C CONSISTS OF   SHEET(S), INCLUDING THE COVERING LETTER AND ATTACHMENT(S).
本信用证连同面函及附件共   纸。

IF YOU FIND ANY TERMS AND CONDITIONS IN THE L/C WHICH YOU ARE UNABLE TO COMPLY WITH AND OR ANY ERROR(S), IT IS SUGGESTED THAT YOU CONTACT APPLICANT DIRECTLY FOR NECESSARY AMENDMENT(S) SO AS TO AVOID AND DIFFICULTIES WHICH MAY ARISE WHEN DOCUMENTS ARE PRESENED.
如本信用证中有无法办到的条款及/或错误,请迳与开证申请人联系,进行必要的修改,以排除交单时可能发生的问题。

THIS L/C IS ADVISED SUBJECT TO ICC UCP PUBLICATION NO.500.
本信用证之通知系遵循国际商会跟单信用证统一惯例第500号出版物办理。

此证如有任何问题及疑虑,请与结算业务部审证科联络,电话: _____

YOURS FAITHFULL
FOR _____

图 8.59

(5) 出口地银行再回到"信用证"的界面,选中"信用证通知书",单击"通知受益人"按钮即可,如图 8.60 所示。

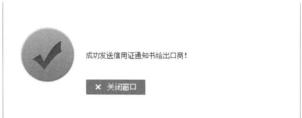

图 8.60

出口地银行的任务暂时告一段落。等待出口商托运、报关等程序完成，提交单据要求出口地银行议付(这时出口地银行就是议付行)。

(6) 待出口商向出口地银行出口押汇后，出口地银行登录，看到一封来自出口商的邮件，如图 8.61 所示。

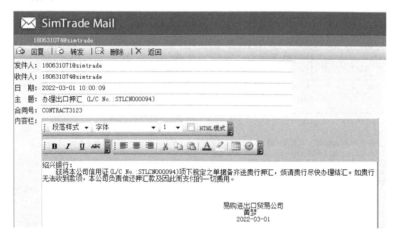

图 8.61

(7) 出口地银行回到银行主界面，单击“结汇单据”(Bill) 按钮，并选中等待处理的业务，出现如图 8.62 所示的界面。

选择	日期	合同号	出口商	进口地银行	状态
◉	2022-02-28 09:14:25	CONTRACT3123	18063107(易购贸易)	18063123(CBUK)	等待处理

日期	合同号	单据编号	单据名称	检查单据
2022-02-28 10:21:35	CONTRACT3123	STLCN000094	信用证	
2022-02-28 10:25:39	CONTRACT3123	STNDC000093	信用证通知书	
2022-03-01 10:00:09	CONTRACT3123	STINV000711	商业发票	
2022-03-01 10:00:09	CONTRACT3123	STPLT000708	装箱单	
2022-03-01 10:00:09	CONTRACT3123	STCOC000676	原产地证明书	
2022-03-01 10:00:09	CONTRACT3123	STINP000706	货物运输保险单	
2022-03-01 10:00:09	CONTRACT3123	STBLN000704	海运提单	
2022-03-01 10:00:09	CONTRACT3123	STDFT000452	汇票	

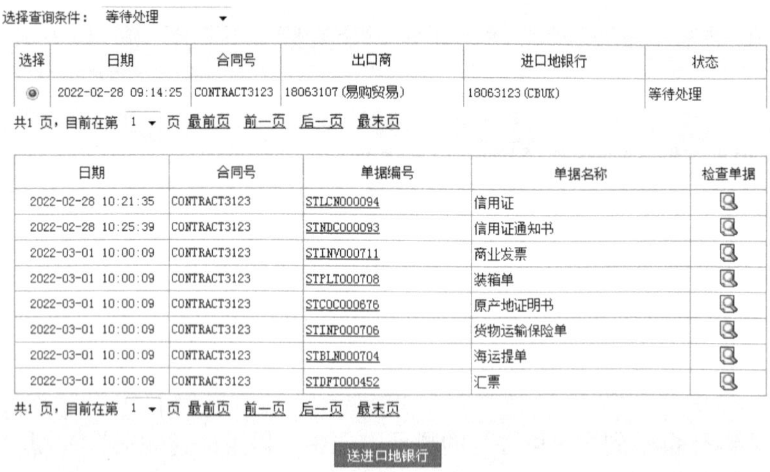

图 8.62

(8) 对其中的单据进行审核，然后单击"送进口地银行"按钮，如图 8.63 所示。

图 8.63

至此，出口地银行的工作彻底结束(注意：实际操作中等付款行最终付款后出口地银行才会最终付款给出口商，如果付款行拒付，还要涉及更复杂的银行之间的交涉，甚至最后可能改成其他结算方式)。

8.3.2 进口地银行

进口商填写"开证申请书"后发给进口地银行(这时就是开证行)。

1. 登录

登录银行界面，右下角会有邮件提醒，如图 8.64 所示。

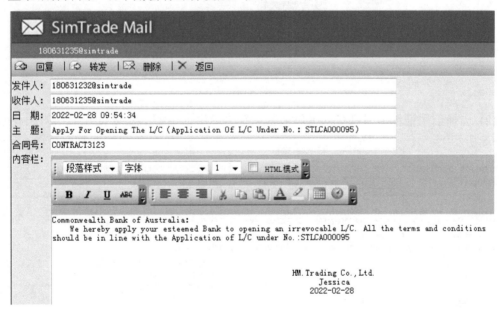

图 8.64

2. 开证

(1) 到主页面选择"信用证"业务，选中需要开证的业务，单击"开证"按钮，如图 8.65 和图 8.66 所示。

图 8.65

图 8.66

(2) 选择信用证编号 STLCN000094 对照着"信用证申请书"进行开证，如图 8.67 至图 8.68 所示。

```
2022FEB28 10:00:48                                              LOGICAL TERMINAL  TX02
MT S700            ISSUE OF A DOCUMENTARY CREDIT                     PAGE 00001
                                                                     FUNC JSSWPR3
                                                                     UMR 45984259
MSGACK DWS7651 AUTH OK,KEY 800608209623F015, BKCHCNBJ ARIBEGCX RECORD
BASIC HEADER         F 01 BKCHCNBJA940 1484 205537
APPLICATION HEADER   O 700 0924 070312 ARIBEGCXA006 8949 866292 070312 1524 N
                                                  * Commonwealth Bank of Australia
                                                  * PORT ADELAIDE
                                                  * (PORT ADELAIDE BRANCH)
USER HEADER          SERVICE CODE   103:
                     BANK. PRIORITY 113:
                     MSG USER REF.  108:
                     INFO. FROM CI  115:
```

图 8.67

第 8 章 信用证结算方式下的合同履行

SEQUENCE OF TOTAL	:27:	1/1
FORM OF DOC.CREDIT	:40A:	IRREVOCABLE
DOC.CREDIT NUMBER	:20:	STLCN000094
DATE OF ISSUE	:31C:	221115
APPLICABLE RULES	:40E:	UCP600
DATE AND PLACE OF EXPIRY	:31D:	221120 IN THE BENEFICIARY'S COUNTRY
APPLICANT BANK	:51A:	Commonwealth Bank of Australia
APPLICANT	:50:	HM.Trading Co.,Ltd. 114 Old Pittwater Road, Sydney, Australia
BENEFICIARY	:59:	Easy Buy Trading Co.,Ltd Jingcheng Road 88 Xiaoshan, Hangzhou, Zhejiang Province, China
CURRENCY CODE, AMOUNT	:32B:	[AUD] [374465.06]
AVAILABLE WITH BY	:41D:	Bank of shaoxing by negotiation
DRAFTS AT	:42C:	SIGHT
DRAWEE	:42A:	ISSUE BANK
PARTIAL SHIPMENTS	:43P:	NOT ALLOWED
TRANSHIPMENT	:43T:	NOT ALLOWED
PORT OF LOADING/AIRPORT OF DEPARTURE	:44E:	SHANGHAI
PORT OF DISCHARGE/AIRPORT OF DESTINATION	:44F:	ADELAIDE
LATEST DATE OF SHIPMENT	:44C:	221120
DESCRIPTION OF GOODS AND/OR SERVICES	:45A:	01006 CANNED LITCHIS 850Gx24TINS/CTN QUANTITY:10000 CARTON PRICE:AUD 37.446506/CTN CIF ADELAIDE
DOCUMENTS REQUIRED	:46A:	+SIGNED COMMERCIAL INVOICE IN 3 COPIES INDICATING CONTRACT NO. CONTRACT216 +FULL SET OF CLEAN ON BOARD BILLS OF LADING MADE OUT TO ORDER AND BLANK ENDORSED, MARKED "FREIGHT PREPAID" NOTIFYING THE APPLICANT +INSURANCE POLICY/CERTIFICATE IN 2 COPIES FOR 100 % OF THE INVOICE VALUE SHOWING CLAIMS PAYABLE IN CHINA IN CURRENCY OF THE DRAFT, BLANK ENDORSED, COVERING ALL RISKS AND WAR RISKS +PACKING LIST/WEIGHT MEMO IN 3 COPIES INDICATING QUANTITY, GR OF EACH PACKAGE +CERTIFICATE OF ORIGIN IN 3 COPIES ISSUED BY THE AUTHORITY
ADDITIONAL CONDITIONS	:47A:	All banking charges outside the opening bank are for beneficiary's account. Documents must be presented within days after date of issuance of the transport documents but within the validity of this credit
CHARGES	:71B:	All banking charges outside the opening bank are for beneficiary's account.
PERIOD FOR PRESENTATION	:48:	Documents must be presented within 15 days after date of issuance of the transport documents but within the validity of this credit
CONFIRMATION INSTRUCTIONS	:49:	WITHOUT
ADVISE THROUGH BANK	:57D:	
TRAILER		ORDER IS <MAC:> <PAC:> <ENC:> <CHK:> <TNG:> <PDE:> MAC:603CBEE1 CHK:7E68521BC2B7

[打印预览] [保存] [退出]

图 8.68

（此项中，货物描述、贸易术语+目的港必须填写）

（要求与已填写的单据数据一致，其中包括商业发票、保单、装箱单、产地证）

(3) 选择填好的信用证，单击"送进口商"按钮即可，如图 8.69 所示。

图 8.69

(4) 待进口商确认信用证后登录进口地银行界面，会收到进口商确认信用证的邮件。

(5) 在主页面选择"信用证"，选择要送出口地银行的信用证，单击"送出口地银行"按钮，如图 8.70 和图 8.71 所示。

图 8.70

图 8.71

至此，银行的工作告一段落，接下来等待出口商、出口地银行准备好相关单据后审单、放单，漫长的等待。

3. 审单、放单

(1) 登录进口地银行界面，右下角会出现来自进口商和出口银行的邮件提醒，如图 8.72 所示。

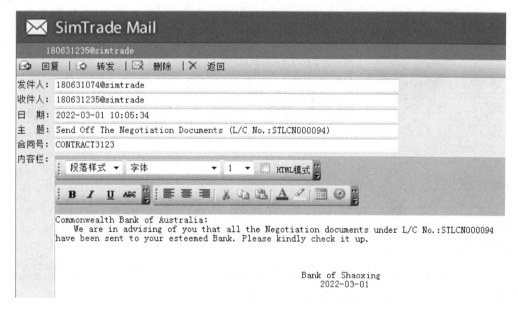

图 8.72

(2) 回到主页面，选择左起第六个业务"结汇单据"，审核相关的单据无误后单击"通知进口商"按钮，如图 8.73 和图 8.74 所示。

图 8.73

图 8.74

特别提示

这是信用证业务的核心环节，关系到能不能付款，但是许多学生操作中简单放单了事。系统中又没有相应的处理机制，所以要提醒学生注意按照现实中要求严格审单(单单相符，单证相符)。

(3) 收到进口商发来的付款提醒，如图 8.75 所示。

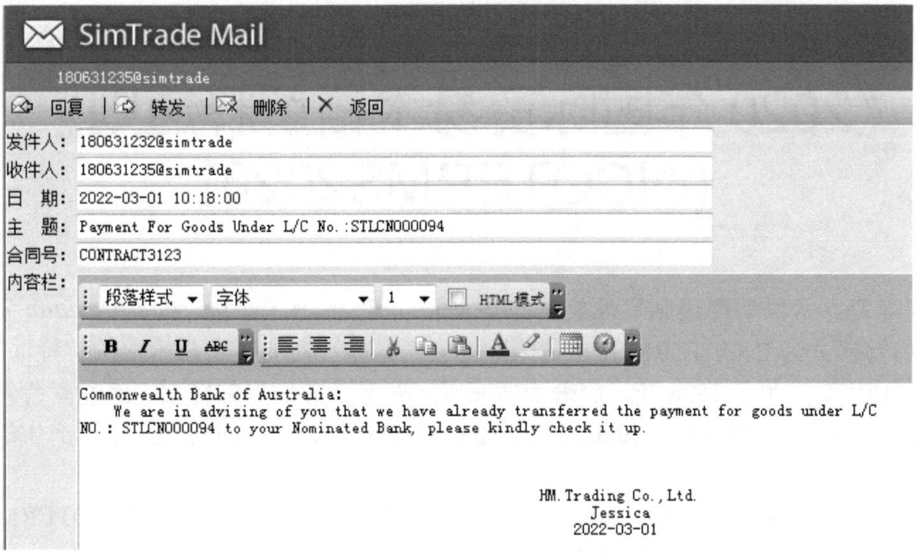

SimTrade Mail

180631235@simtrade

回复 | 转发 | 删除 | 返回

发件人：180631232@simtrade

收件人：180631235@simtrade

日　期：2022-03-01 10:18:00

主　题：Payment For Goods Under L/C No.:STLCN000094

合同号：CONTRACT3123

内容栏：

Commonwealth Bank of Australia:
We are in advising of you that we have already transferred the payment for goods under L/C NO.: STLCN000094 to your Nominated Bank, please kindly check it up.

HM.Trading Co.,Ltd.
Jessica
2022-03-01

图 8.75

(4) 回到主页面，选择“财务”按钮，查看收支，如图 8.76 所示。

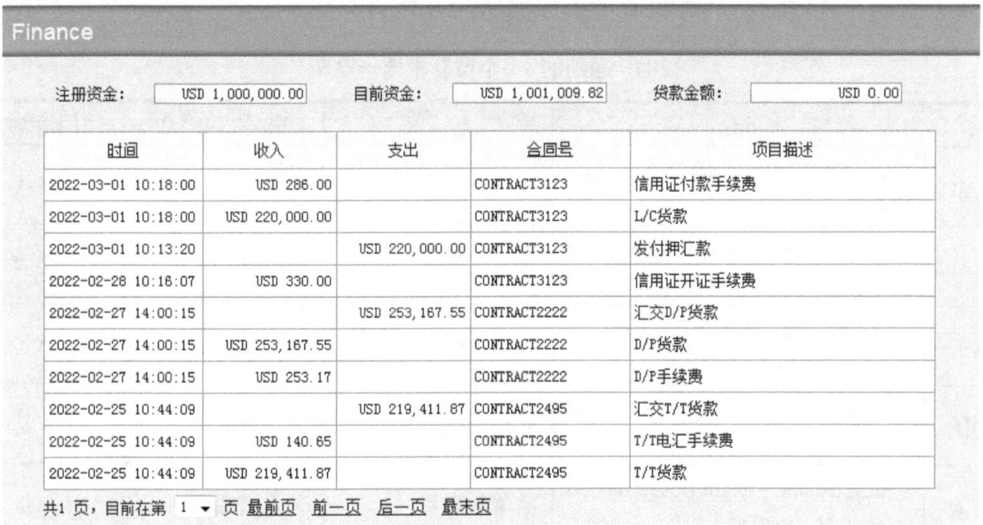

Finance

注册资金：USD 1,000,000.00　目前资金：USD 1,001,009.82　贷款金额：USD 0.00

时间	收入	支出	合同号	项目描述
2022-03-01 10:18:00	USD 286.00		CONTRACT3123	信用证付款手续费
2022-03-01 10:18:00	USD 220,000.00		CONTRACT3123	L/C货款
2022-03-01 10:13:20		USD 220,000.00	CONTRACT3123	发付押汇款
2022-02-28 10:16:07	USD 330.00		CONTRACT3123	信用证开证手续费
2022-02-27 14:00:15		USD 253,167.55	CONTRACT2222	汇交D/P货款
2022-02-27 14:00:15	USD 253,167.55		CONTRACT2222	D/P货款
2022-02-27 14:00:15	USD 253.17		CONTRACT2222	D/P手续费
2022-02-25 10:44:09		USD 219,411.87	CONTRACT2495	汇交T/T货款
2022-02-25 10:44:09	USD 140.65		CONTRACT2495	T/T电汇手续费
2022-02-25 10:44:09	USD 219,411.87		CONTRACT2495	T/T货款

共1 页，目前在第 1 页 最前页 前一页 后一页 最末页

图 8.76

至此，信用证结算方式下进口地银行的工作完成。

本 章 作 业

1. 进出口商参照范例选择新商品，模拟一笔 L/C + FOB 操作。
2. 进出口商参照范例选择新商品，模拟一笔 L/C + CFR 操作。

《2020年国际贸易术语解释通则》(INCOTERMS2020)

《国际贸易术语解释通则》原文为 International Rules for the Interpretation of Trade Terms，缩写形式为INCOTERMS，它是国际商会为了统一对各种贸易术语的解释而制定的。最早的《通则》产生于1936年，后来为适应国际贸易业务发展的需要，国际商会先后进行过多次修改和补充。现行的《2020通则》是在《2010年通则》的基础上修订产生的，并于2020年1月1日起生效。

如买卖双方愿意采纳《2020通则》的术语，均要在合同中明确援引INCOTERMS2020。例如："CIF New York INCOTERMS 2020" 或在合同上注明："This contract is governed by INCOTERMS2020."。

《INCOTERMS2020》介绍了11种贸易术语，按照所适应的运输方式分为两大类：适合于水上运输方式的贸易术语和适合于各类运输方式的贸易术语。

2010通则的11个贸易术语一览表

	贸易术语	含义	交货地点	适用运输方式
EXW	EXW-Ex Works (insert named place of delivery)	工厂交货	商品产地、所在地	各类
FCA	FCA-Free Carrier (insert named place of delivery)	货交承运人	出口国内地、港口	各类
FAS	FAS-Free Alongside Ship (insert named port of shipment)	装运港船边交货	装运港船边	水运
FOB	FOB-Free on Board (insert named port of shipment)	装运港船上交货	装运港船上	水运
CFR	CFR-Cost and Freight (insert named port of destination)	成本加运费	装运港船上	水运
CIF	CIF-Cost Insurance and Freight (insert named port of destination)	成本加保险费运费	装运港船上	水运
CPT	CPT-Carriage Paid To (insert named place of destination)	运费付至	出口国内地、港口	各类
CIP	CIP-Carriage and Insurance Paid to (insert named place of destination)	运费保险费付至	出口国内地、港口	各类
DPU	Delivered at Place Unloaded	卸货地点交货	目的地不限于运输的终点，而可以是任何地方	各类

《2020 年国际贸易术语解释通则》(INCOTERMS2020)

续表

贸易术语		含 义	交 货 地 点	适用运输方式
DAP	DAP-Delivered At Place (insert named place of destination)	目的地交货	进口国内指定目的地	各类
DDP	DDP-Delivered Duty Paid (insert named place of destination)	完税后交货	进口国内指定目的地	各类

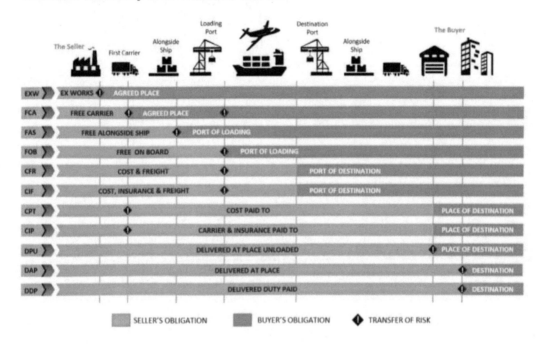

_____大学_____学院

进出口贸易模拟操作实验报告

课程名称				实验地点			实验日期		
班　　级				姓　　名			学　　号		
实验报告要求　1．实验目的　2．实验体会(总字数不少于 3000 字)									
教师评价	优	良	中	及格	不及格		教师签名		评阅日期

参 考 文 献

[1] 宋海英，魏兴民．国际贸易理论与实务[M]．第一版．北京：机械工业出版社，2017年．
[2] 苏宗祥，徐捷．国际结算[M]．第七版．北京：中国金融出版社，2020年．